L'entretien
de motivation

Dans la collection Eyrolles Pratique :

- *Le développement durable au quotidien*, Farid Baddache
- *Votre CV sur le Net*, Sébastien Bailly
- *S'organiser, c'est facile !*, Stéphanie Bujon et Laurence Einfalt
- *Rédiger sans complexes*, Michelle Fayet
- *Gagner en efficacité*, Dr Patrick M. Georges
- *Le commerce équitable*, Tristan Lecomte
- *Comment écrire ses mémoires*, Marianne Mazars
- *L'entretien de motivation*, Patrick de Sainte Lorette et Jo Marzé
- *Le CV et la lettre de motivation*, Patrick de Sainte Lorette et Jo Marzé
- *Faites le bilan de vos compétences*, Patrick de Sainte Lorette et Corinne Goetz
- *Tester et développer sa mémoire*, Patrick de Sainte Lorette et Jo Marzé
- *Savoir prendre des notes*, Renée Simonet et Jean Simonet

Patrick de Sainte Lorette
Jo Marzé

L'entretien de motivation

Quatrième édition

EYROLLES

Éditions Eyrolles
61, Bld Saint-Germain
75240 Paris Cedex 05
www.editions-eyrolles.com

Direction de la collection « Eyrolles Pratique » : gheorghi@grigorieff.com
Maquette intérieure et mise en page : M2M
Illustrations : Hung

Sommaire

Autres ouvrages des mêmes auteurs :

De Patrick de Sainte Lorette et Jo Marzé :

- *Le CV et la lettre de motivation*, Éditions Eyrolles (4e édition), 2006
- *Tester et développer sa mémoire*, Éditions Eyrolles, 2004
- *La lettre de motivation* (spécial étudiant), Éditions d'Organisation (7e édition), 2006. Traduit en portugais : *A carta de candidatura*, publicaçoes europa-américa, colecçao métodos, n° 15, 1997
- *L'épreuve d'entretien aux concours*, PUF, collection Major (6e édition), 2005

De Patrick de Sainte Lorette et Corinne Goetz :

- *Dans quels métiers pouvez-vous réussir ?* Éditions d'Organisation (1993). Traduit en roumain : *Alege profesia care iti aduce succesul*, Rentrop & Straton, 2003
- *Faites le bilan de vos compétences*, 2006

Connais-toi toi-même

Dans le contexte délicat du marché actuel du travail, il apparaît indispensable de disposer de tous les atouts nécessaires pour franchir l'étape essentielle que représente l'entretien de motivation.

Dans cette démarche, tout candidat à un emploi sera confronté à l'examen de ses qualités personnelles.

Au-delà de la nécessité première de se procurer un emploi, le plaisir, l'intérêt et la satisfaction personnelle que celui-ci peut apporter sont des facteurs trop souvent relégués au second plan dans les démarches habituelles de recherche d'emploi.

Ce sont pourtant là des facteurs principaux de motivation auxquels un recruteur s'attachera, face à un éventail de candidats aux potentiels, *a priori*, équivalents.

Le premier contact doit également permettre de mieux faire connaître l'ensemble des composantes de sa personnalité, par sa présentation, son aisance, sa capacité à retenir l'intérêt, son engagement vis-à-vis du recruteur.

Cette démarche doit conduire chaque postulant à se poser les questions nécessaires pour comprendre ses propres motivations et savoir les exposer au mieux à son interlocuteur.

Dans cet ouvrage, *L'entretien de motivation*, PATRICK DE SAINTE LORETTE et JO MARZÉ ont su, avec clarté et précision, rappeler les règles essentielles qu'il convient de respecter en ce domaine, à l'aide de questions concrètes et de nombreux tests qui sont autant d'apports indispensables pour qui souhaite mettre tous les atouts de son côté.

Ce livre nous rappelle qu'un entretien de motivation se prépare avec sérieux et honnêteté, et que la déclinaison des questions *Pourquoi ?* et *Comment ?* pour aussi simples qu'elles puissent apparaître, nous ramène sans cesse au fameux « Connais-toi toi-même ».

Jean-Luc Bérard

Directeur des Ressources Humaines
de SNECMA MOTEURS,
groupe SNECMA

Remerciements

Nous remercions tous ceux qui nous ont permis d'intervenir dans leurs établissements d'enseignement, leurs entreprises ou administrations, pour animer des sessions portant sur les techniques soit de recherche d'emploi, soit d'entretien de motivation, soit d'efficacité personnelle, soit de communication et de relations humaines. Ils ont ainsi contribué à la réalisation de ce livre.

Nous remercions aussi les centaines de candidats qui, depuis plusieurs années, ont suivi, à IRSEP[1], nos séances d'entraînement individuel de perfectionnement en « recherche d'emploi », « entretien des concours », « expression orale ».

Nous dédions ce livre à Béatrice, Brice et Anaïs de Sainte Lorette ainsi qu'à Annie Marzé, Rani et Max.

---

1. IRSEP (Institut des Relations Sociales et de l'Efficacité Personnelle), situé à Paris 16ᵉ (tél. 01 45 24 55 08).

VOUS N'AVEZ PAS
LE BON PROFIL.

AVANT-PROPOS
L'entretien de motivation
en quatre questions

Comment se passe habituellement
un entretien de motivation ?

Le postulant se trouve seul face à :

- une personne,

- plusieurs personnes simultanément,

- plusieurs personnes successivement.

Il existe aussi des entretiens collectifs. Plusieurs candidats sont sélectionnés sur leurs comportements dans un groupe. Mais ce ne sont pas vraiment des entretiens de motivation et les techniques pour ce genre d'épreuve sont très différentes.

Les recruteurs se situent parmi une ou plusieurs des personnes suivantes :

- le chef d'entreprise,

- le directeur des ressources humaines,

- le chargé du recrutement (service du personnel),

- le conseil en recrutement (cabinet externe),

- le supérieur hiérarchique direct,

- le futur collègue.

L'entretien de motivation

Le déroulement chronologique de l'entretien est habituellement le suivant :

- présentations rapides réciproques ;

- explications du cadre et de la nature de l'entretien ;

- informations fournies par le candidat - exposé et réponses aux questions. Ceci précède habituellement le point suivant de manière à ce que le candidat n'adapte pas son exposé aux spécificités de la situation ;

- informations fournies par le recruteur - présentation du poste, de la société, réponses aux questions ;

- négociation sur les modalités de collaboration et le salaire. Habituellement, le recruteur utilise une grille des salaires qui tient compte des diplômes, de l'expérience, de l'âge, de l'ancienne rémunération ;

- précisions sur la suite des relations - prochain rendez-vous, appel téléphonique, etc.

- séparation.

Quels sont les objectifs de l'entretien de motivation pour le recruteur ?

Le recruteur cherche à vérifier ses premières impressions, à la suite de la lecture du dossier de candidature (C.V., lettre de motivation, questionnaire de motivation) en :

- complétant son information. Par exemple : sur quoi sont fondées les affirmations ?

- testant la véracité des informations contenues dans le dossier. Par exemple : les motivations sont-elles authentiques ?

> vérifiant certaines hypothèses. Par exemple, s'il s'agit du supérieur hiérarchique direct : le candidat lui facilitera-t-il la tâche ? S'il s'agit d'un futur collègue : le postulant ne risque-t-il pas d'être un concurrent sérieux ? S'il s'agit des deux : y aura-t-il compatibilité d'humeur ?

Le recruteur cherche ensuite à classer le postulant par rapport aux autres candidats sélectionnés.

Comment distinguer les objectifs de l'entretien de motivation de ceux du C.V. et de la lettre de motivation ?

Il y a quatre différences essentielles qui sont résumées sur le schéma suivant :

Curriculum vitae	Lettre de motivation	Entretien de motivation
Résumé de l'essentiel	Sélection des points les plus forts par rapport à la situation	Évocation du maximum de points forts par rapport à la situation
Éveil de la curiosité du recruteur en citant des aptitudes et compétences	Éveil de la curiosité du recruteur en soulignant certaines aptitudes et compétences et en précisant ses motivations	Satisfaction de la curiosité du recruteur en prouvant ses aptitudes, compétences et motivations
Schéma synthétique	Style écrit accrocheur	Réponses orales circonstanciées et comportement approprié
Simple énumération	Justification sommaire	Justification en profondeur

L'entretien de motivation

Existe-t-il une méthode pour se préparer à un bon entretien de motivation ?

Un bon entretien de motivation est celui qui permet d'être sélectionné, d'être le meilleur. Pour cela, il faut s'impliquer et ne pas être à court de réponses personnelles et pertinentes à chaque phase de l'entretien.

Dans chaque entretien, il y a certes des questions spécifiques et des critères spécifiques. Mais la plus grande partie d'un entretien se déroule autour de questions et de critères classiques qui sont les mêmes pour tous et qui portent sur les motivations, les compétences et les aptitudes. Il est donc possible de s'y préparer.

La méthode consiste à :

- éviter les erreurs les plus habituelles (chapitre 1),

- prouver ses motivations, ses compétences et ses aptitudes par des réponses positives et personnalisées (chapitre 2).

Pour cela, il est nécessaire de connaître et de s'entraîner à répondre aux questions classiques dont :

- des questions générales (chapitre 3),

- des questions de motivation (chapitre 4),

- des questions de compétence (chapitre 5).

Il est indispensable aussi de mettre en valeur ses aptitudes par rapport aux soixante critères classiques de sélection dont :

- vingt-six critères psychologiques (chapitre 6),

- dix-sept critères intellectuels (chapitre 7),

- cinq critères physiques (chapitre 8),

- douze critères d'expression (chapitre 9).

Comment répondre aux questions posées

Chapitre 1
Les erreurs à éviter

Les principales erreurs

Pour illustrer les dix-huit erreurs principales avec des exemples concrets, nous avons choisi des questions classiques et nous nous sommes inspirés des réponses réellement entendues dans les séances d'entraînement à la recherche d'emploi que nous assurons.[2]

Ne pas s'impliquer

– « Qui êtes-vous ? »

– « Je m'appelle Alain Konu et je suis le dernier né d'une famille de six enfants. Je suis natif de Lècloches dans l'Essonne, où mes parents sont hôteliers. Ils tiennent une petite auberge, affaire qu'ils ont créée il y a maintenant vingt-cinq ans. Ma sœur aînée est professeur de français, le second a fait des études de... »

2. Notamment à IRSEP (Paris 16e).

Le candidat énumère ainsi toute sa famille. Hélas, il ne parle pas de lui mais des autres, ce qui n'est pas l'objet de l'entretien. Il ne ramène pas le sujet de la discussion à son propre cas. Il ne peut donc pas se mettre personnellement en valeur.

Fuir la réponse

- « Comment vous voyez-vous dans dix ans ? »

- « Bof ! Vous savez, ce n'est pas facile. Je n'en sais trop rien. Il m'est difficile de prévoir ce que je deviendrai plus tard. Pour l'instant, ce qui m'intéresse, c'est ce que vous me proposez. Après, je verrai bien. »

Le candidat ne joue pas le jeu. Il se défile. Il évite de répondre. Il montre qu'il n'a pas la capacité de se projeter dans l'avenir. Pourtant, son interlocuteur ne lui demande pas de dire exactement ce qu'il sera dans dix ans, ce qui est effectivement difficile à prévoir. Mais il lui demande d'évoquer ce qu'il aimerait être.

Donner des réponses « fermées »

- « Avez-vous effectué des stages en entreprise ? »

- « Oui. Deux. »

Puis, le candidat se tait. Il donne ainsi une réponse dite fermée. C'est une réponse qui n'incite pas à la communication et manifeste un manque d'imagination.

Refuser de répondre

- « Avez-vous quelque chose à ajouter à la fin de cet entretien ? »

- « Non. »

Là aussi, le candidat manque de répartie et ne profite pas de l'occasion qui lui est offerte pour communiquer des informations supplémentaires, faire un récapitulatif de ce qui a été dit, terminer en beauté.

Ne pas justifier ses affirmations

– « Quels sont vos points forts ? »

– « Je suis dynamique et j'ai le sens des contacts humains. »

Il ne suffit pas de citer des qualités. Pour être crédible, il faut aussi les prouver. Sinon, on court le risque de paraître baratineur.

Répondre de façon trop dispersée

– « Quels sont vos hobbies ? »

– « J'aime la planche à voile, le tennis, le football, le surf, la lecture, la musique de jazz, le cinéma, les voyages, la moto, les jeux vidéo, la bonne cuisine, les échecs, le bridge. »

Cette énumération est excessive. L'interlocuteur ne peut pas tout retenir. Il risque d'orienter la discussion sur un thème qu'il choisira lui-même en fonction de ses propres centres d'intérêt. Le candidat aurait mieux fait de citer trois passions au maximum. Il lui sera toujours temps d'aborder les autres sujets par la suite.

Dire des banalités

– « Avez-vous effectué des voyages à l'étranger ? »

– « Oui. J'ai été plusieurs fois à l'étranger, ce qui m'a permis de me familiariser avec des mentalités, des modes de vie, des paysages différents. »

La réponse est banale. 90 % des candidats répondent à peu près la même chose. Cette réponse ne permet pas au candidat de se mettre en valeur, de se distinguer des autres.

Rester vague

– « Comment pensez-vous concilier vie personnelle et vie professionnelle ? »

L'entretien de motivation

> – « Je crois que c'est une question d'organisation. Oui. C'est cela. Il suffit de s'organiser en conséquence. »

La réponse est imprécise. Comment le candidat va-t-il s'organiser ? C'est précisément ce que son interlocuteur aimerait savoir.

Être trop direct

> – « Pourquoi êtes-vous intéressé par l'emploi proposé ? »

> – « Pour tout vous dire, je cherchais plutôt un emploi avec de véritables responsabilités. Mais compte tenu de la conjoncture et que cela fait quand même huit mois que je cherche, je me suis rabattu sur ce poste car je ne veux pas faire la fine bouche. »

Il y a des franchises fatales, surtout quand elles sont révélatrices d'une absence de motivation. Le candidat n'est pas sur le divan du psychanalyste. Il n'est pas obligé de dire toute la vérité.

Être négatif

> – « Pourquoi avez-vous choisi cette profession ? »

> – « Parce que je ne veux pas d'un métier routinier comme celui de mes parents. Je ne veux pas être tous les jours enfermé dans un bureau à remplir des paperasses. Je ne veux pas devenir un petit fonctionnaire sans envergure. »

Ce n'est pas une motivation positive mais une motivation négative choisie à partir de ce que le candidat rejette. De plus, ce mépris affiché pour des emplois, quels qu'ils soient, risque de heurter la sensibilité de l'interlocuteur.

Paraître prétentieux

> – « Quels ont été vos plus grands échecs dans la vie ? »

> – « J'ai eu la chance de n'avoir jamais subi de véritable échec. J'ai toujours réussi ce que j'entreprenais. »

C'est difficile à croire et c'est mal dit.

1. Les erreurs à éviter

Passer pour un profiteur

- « Pourquoi voulez-vous travailler dans notre entreprise ? »

- « Surtout parce que je me suis laissé dire qu'il y avait beaucoup d'avantages sociaux. Notamment le salaire est maintenu en cas d'absence de courte durée. »

Le candidat donne l'impression de chercher à profiter de l'entreprise sans être disposé à apporter quoi que ce soit. Il semble intéressé principalement par les facilités d'absentéisme.

Flatter à outrance

- « Quel type de patron souhaiteriez-vous avoir ? »

- « Quelqu'un dans votre genre : avisé, courtois, sûr de lui, très professionnel. »

La flagornerie est tout aussi suicidaire que l'excès de franchise.

Répondre avec agressivité

- « Pourquoi êtes-vous en situation de recherche d'emploi ? »

- « Évidemment, parce que je n'ai pas encore trouvé du travail ! »

Ce qui est évident pour le candidat ne l'est pas forcément pour le recruteur. Il est possible de chercher du travail pour cause de licenciement, de démission, de fin d'études, par désir de changer de fonction, de région, de secteur d'activité, etc. La réponse du candidat, émise sur un ton ironique ou agacé, frise l'agressivité.

S'étendre trop longuement

- « Pourquoi voulez-vous travailler dans l'informatique de gestion ? »

- « Ce secteur d'activité m'attire parce qu'il constitue actuellement un créneau porteur, parce qu'il nécessite des obligations de résultat, parce qu'il exige des qualités de technicien, d'organisateur et de pédagogue. En effet, l'essentiel des activités d'un informaticien de gestion consiste à concevoir, développer et maintenir des logiciels d'application selon une séquence définie au niveau de l'organisation. Les travaux peuvent être organisés selon différentes structures dont les deux plus courantes sont une organisation par projet et une organisation fonctionnelle. Dans la première, un chef de projet avec la collaboration d'analystes et programmeurs se charge de la conception, réalisation et maintenance d'une ou des applications dont il a la charge. Ce type d'organisation facilite le dialogue avec les utilisateurs et la décentralisation. Dans l'organisation fonctionnelle, les travaux, découpés en phases distinctes, sont successivement réalisés par des équipes spécialisées... » Suit une longue tirade de plusieurs minutes.

En répondant trop longuement le candidat crée un monologue. Il n'incite pas au dialogue et pousse son interlocuteur à la passivité. Il risque de l'ennuyer. Il risque aussi de passer trop de temps sur un sujet au détriment d'autres thèmes qui auraient mérité plus de développement.

Être confus

– « Envisagez-vous de rester longtemps dans notre société ? »

– « Cela dépendra des opportunités qui me seront offertes. Votre entreprise m'intéresse surtout parce qu'on y favorise les carrières internes. Ce qui est primordial, pour moi, c'est de travailler dans un secteur dans lequel je me sens à l'aise. Le choix du secteur compte certainement autant que celui de l'entreprise. Cela dit, il est vrai qu'à notre époque il devient de plus en plus difficile d'effectuer toute sa carrière dans la même entreprise. Il est même quelquefois impossible de demeurer dans le même secteur. Je crois qu'il faut en être conscient. Cependant, il est nécessaire de rester un minimum de temps pour acquérir une réelle expérience professionnelle et être vraiment opérationnel. Maintenant, il ne faut pas non plus rester figé. Il faut savoir évoluer et s'adapter... »

1. Les erreurs à éviter

Les propos du candidat constituent un mélange excessif d'arguments hétéroclites qui donnent une impression de confusion. On ne sait toujours pas quelle est sa réponse à la question posée.

Se perdre dans les détails

- « Quel bilan tirez-vous de vos jobs, de vos stages ? »

- « Mon dernier stage m'a permis d'exercer des responsabilités dans la mesure où j'étais principalement chargé de suivre l'exécution du planning et de renseigner par téléphone les clients qui le souhaitaient sur l'état d'acheminement de leurs commandes. On m'avait confié cette responsabilité parce que les gens savaient qu'ils pouvaient me faire confiance. En effet, j'avais fait un stage dans la même société l'été précédent du 15 juillet au 15 août ou bien du 10 juillet au 10 août, je ne me souviens plus exactement. J'étais déjà au courant de la société et tout le monde connaissait mon comportement au travail. Surtout monsieur Cerbère qui était mon responsable de service et qui avait juste quarante ans. Je le sais puisque le personnel avait fêté son anniversaire pendant la période de mon stage... »

Avec sa profusion de détails inutiles, le candidat fait des digressions et répond à côté de la question.

Se répéter

- « À quoi passez-vous vos temps libres ? »

- « À jouer au tennis. (...) »

- « De quoi êtes-vous le plus fier ? »

- « De ma place en demi-finale dans un tournoi de tennis. (...) »

- « Quelle est votre première qualité ? »

- « La persévérance. D'ailleurs j'ai fait dix ans de tennis. (...) » Etc.

Le candidat reprend toujours le même exemple. Il ne montre pas les autres facettes de sa personnalité. Il risque de lasser son interlocuteur en lui présentant un profil peu varié, restreint.

Tous les exemples mentionnés ci-dessus, tirés de réponses réelles, montrent, s'il en était besoin, qu'il ne faut pas se lancer à la légère dans un entretien de motivation. Les risques de gaffes sont nombreux.

Vous pouvez, sur la grille ci-contre, faire le point sur vos éventuelles erreurs.

Grille d'évaluation de vos erreurs

Faites-vous interviewer par une autre personne puis évaluez votre entretien avec la grille suivante. Entourez la bonne réponse.

	– –	–	+	+ +
Réponses non implicantes	Oui	Assez	Un peu	Non
Réponses évitées	Oui	Assez	Un peu	Non
Réponses fermées	Oui	Assez	Un peu	Non
Réponses refusées	Oui	Assez	Un peu	Non
Réponses non justifiées	Oui	Assez	Un peu	Non
Réponses dispersées	Oui	Assez	Un peu	Non
Réponses banales	Oui	Assez	Un peu	Non
Réponses vagues	Oui	Assez	Un peu	Non
Réponses trop directes	Oui	Assez	Un peu	Non
Réponses négatives	Oui	Assez	Un peu	Non
Réponses prétentieuses	Oui	Assez	Un peu	Non
Réponses intéressées	Oui	Assez	Un peu	Non
Réponses flatteuses	Oui	Assez	Un peu	Non
Réponses agressives	Oui	Assez	Un peu	Non
Réponses trop longues	Oui	Assez	Un peu	Non
Réponses confuses	Oui	Assez	Un peu	Non
Réponses trop détaillées	Oui	Assez	Un peu	Non
Réponses répétées	Oui	Assez	Un peu	Non

Pour éviter ces erreurs, nous vous proposons une méthode au prochain chapitre puis la mise en application de cette méthode dans les chapitres suivants.

Chapitre 2

La méthode à suivre

Les deux principes de la méthode

La personnalisation

Le premier principe consiste à donner des réponses personnalisées.

Pour cela, il est nécessaire préalablement de réfléchir à votre profil. Pour vous y aider, nous vous proposons, dans les chapitres suivants, de vous entraîner à répondre aux questions les plus classiques concernant vos motivations, vos compétences et vos aptitudes.

Si vous avez déjà établi votre bilan personnel pour rédiger votre lettre de motivation, vous pouvez aussi vous y référer[3].

3. Cf. la liste des atouts sécurisants et des atouts originaux en pages 66 à 69 du livre *Le C.V. et la lettre de motivation* des mêmes auteurs dans la même collection.

L'entretien de motivation

Dans l'entretien de motivation, le sujet de discussion principal, c'est vous. C'est pourquoi il n'y a aucun scrupule à parler de vous, à choisir des exemples dans votre vie personnelle, à utiliser le « moi », le « je », à donner des opinions et des raisonnements personnels.

Ce qu'il faut absolument éviter, ce sont les banalités, les généralités. Pour cela, il est indispensable de personnaliser vos réponses en les ramenant à votre cas.

Chaque affirmation doit ainsi pouvoir être justifiée soit par un raisonnement personnel, soit par un exemple personnel.

C'est à cette seule condition que vous serez original et éviterez tout conformisme, toute réponse insignifiante ou creuse, toute digression stérile.

N'oubliez jamais qu'il s'agit d'une sorte de concours, que vous êtes en concurrence avec d'autres candidats, et que vous devez donc gagner des points sur toutes les réponses et ceci dès le début de l'entretien.

L'optimisme

Rappelez-vous que vous ne devez pas avoir un comportement négatif. Envisagez et évoquez toujours en priorité l'aspect positif des choses. Essayez de voir la bouteille à moitié pleine plutôt qu'à moitié vide.

Ainsi parlez de vos points forts plutôt que de vos points faibles, de l'aspect attrayant d'un poste plutôt que de son aspect désagréable, de vos bons souvenirs d'expériences professionnelles ou de stages plutôt que de vos mauvais souvenirs.

Si vous ne voulez pas faire le même métier que vos parents, n'évoquez pas les raisons négatives qui vous ont conduit à ne pas le choisir mais plutôt les raisons positives qui vous ont guidé dans le choix de votre profession.

Évitez toute amertume, toute tristesse dans vos propos. Ne vous lamentez pas sur votre sort si vous êtes depuis longtemps en recherche d'emploi.

Sur la forme, utilisez des affirmations plutôt que des négations. « Je suis très intéressé par cet emploi » vaut mieux que « Cet emploi est loin d'être dénué d'intérêt pour moi ».

La forme générale de l'expression doit également être positive. « J'ai besoin d'un maximum de garanties matérielles pour me sentir à l'aise dans mon travail » soulève quelques inquiétudes quant à l'assurance du candidat. Par contre, « J'ai l'habitude de m'affranchir préalablement de toute préoccupation matérielle avant d'entreprendre une action » traduit la même idée en produisant l'effet inverse.

Efforcez-vous d'avoir des réflexes constructifs. Voici une illustration de ce conseil.

Question : « Quel souvenir gardez-vous de votre premier stage ? »

Réponse : « Ce n'était certainement pas le meilleur moment pour visiter l'établissement et y faire quelque chose d'intéressant. C'était le mois d'août. La moitié du personnel était en vacances. On m'a fait remplacer des absents. »

« J'étais employé à des tâches d'exécution sans aucun intérêt. On me changeait d'affectation tous les deux jours. Personne ne s'occupait vraiment de moi. On m'expliquait à peine ce que je devais faire. Alors il y avait peu de chances que je comprenne comment fonctionnait la société. »

« En plus, l'ambiance était complètement pourrie et tout le monde se tirait dans les pattes. J'ai été déçu d'être moins payé que d'autres ouvriers permanents qui ne fichaient rien de la journée. »

« Mais enfin, ça m'a quand même fait une expérience parce que j'ai été placé à tous les postes de la chaîne de travail. »

Quelle propension à la critique ! Le candidat agira-t-il de même avec son futur employeur ? Pourtant il aurait pu dire la même chose en l'articulant de façon différente, comme ceci par exemple :

Question : « Quel souvenir gardez-vous de votre premier stage ? »

Réponse : « Il m'a permis de satisfaire une de mes attentes essentielles en me donnant une vision globale de la chaîne de travail, indispensable pour comprendre l'organisation de l'entreprise. Or, l'organisation représente pour moi un atout majeur de la réussite. »

« Mon attention a été notamment attirée par la réelle complémentarité des tâches dans le travail d'équipe. À ce propos, un détail me revient à l'esprit. Un même bon de travail est utilisé par une foule d'intervenants successifs : l'employé du planning qui émet le besoin, l'ingénieur responsable qui valide l'ordre de fabrication, le chef d'atelier qui programme son exécution, les différents ouvriers qui en assument la réalisation, le contrôleur qualité qui s'assure de sa conformité, etc. Chacun a des besoins et contraintes propres dont le concepteur du document a tenu compte. Chacun y porte des informations précieuses pour les suivants. »

« J'ai pu observer beaucoup de faits identiques car j'ai eu la chance, étant affecté aux remplacements de différents salariés en congés annuels, d'être amené à occuper successivement tous les postes d'exécution de l'atelier dans lequel j'ai effectué ce stage. »

Cette seconde évocation laissera certainement une meilleure impression.

2. La méthode à suivre

Les trois phases de la méthode

Ces trois phases sont les suivantes :

Phase d'AFFIRMATION	Phase de JUSTIFICATION	Phase de CONCLUSION
Information		
Opinion, jugement de valeur	Raisonnement	
Décision, conseil		
Explication, interprétation	Exemple	
Compassion, encouragement		

L'affirmation

Vous avez le choix entre cinq attitudes.

Il s'agit dans cette première phase de communiquer soit une information, soit une opinion ou un jugement de valeur, soit une décision ou un conseil, soit une explication ou une interprétation, soit un support ou un encouragement, soit plusieurs de ces attitudes.

De toute façon, vous devez transmettre une position personnelle par rapport à la question. Vous devez citer des faits, prendre position, donner un avis, trancher...

Par exemple, à la question : « Que pouvez-vous me dire sur la crise de l'emploi actuellement en France ? », vous pouvez utiliser les attitudes suivantes :

▶ **Attitude d'information :** « Il y a 2 129 300 demandeurs d'emploi, soit un taux de chômage, au sens du Bureau International du travail, de 8,8 % de la population active. »[4]

4. À fin septembre 2006, en France.

L'entretien de motivation

- **Attitude d'opinion ou jugement de valeur :** « La réduction du temps de travail à 35 heures ne permettra pas d'atteindre le plein emploi dans les années à venir. »

- **Attitude de décision ou conseil :** « Si j'étais à la place du gouvernement, je commencerais par diminuer les charges sociales qui handicapent les entreprises françaises et nuisent à leur compétitivité internationale. »

- **Attitude d'explication ou interprétation :** « S'il y a tant de chômage en France, c'est parce que les entreprises subissent les effets de la mondialisation qui entraîne des regroupements et donc des réductions d'effectifs. »

- **Attitude de compassion ou encouragement :** « La situation de certains chômeurs est tragique tant sur le plan financier que psychologique. »

La justification

Dans cette deuxième phase, vous justifiez votre affirmation soit par un raisonnement en profondeur, soit par un exemple concret, soit par les deux.

Le raisonnement en profondeur

Dans certains cas, votre réponse ne pourra être personnalisée qu'en vous livrant à une réflexion plus approfondie. Si vous ne le faites pas spontanément, le recruteur vous demandera de justifier vos réponses. Car il ne se satisfera pas de votre première affirmation et cherchera à vérifier si celle-ci n'est pas exagérée, inventée, irréfléchie ou inexacte.

Pour savoir si vous pensez ou ressentez réellement ce que vous affirmez, votre interlocuteur vous relancera avec des phrases du type : « Parlons-en ! », « Qu'est-ce qui vous permet de dire cela ? », « Comment cela se traduit-il dans les faits ? », « À quoi pensez-vous de particulier ? » ou tout simplement il respectera un temps de silence pour vous obliger à poursuivre. C'est la dynamique de l'entretien qui marque la différence principale avec le curriculum vitae et la lettre de motivation.

2. La méthode à suivre

Plutôt que d'attendre que le recruteur vous demande des précisions, il vaut mieux les lui fournir d'avance en dépassant le niveau du superficiel pour atteindre un niveau plus impliquant, nécessitant une réponse en profondeur avec un impact plus fort.

Les réponses peuvent se situer à deux niveaux très inégaux en efficacité :

Niveau	Raisonnement	Impact
Superficiel	Banal	Faible
Impliquant	Profond	Fort

Pour un raisonnement en profondeur, il suffit de remonter la filière des causes en vous demandant pourquoi vous avez formulé telle réponse. Puis en vous demandant le pourquoi du pourquoi. Et ainsi de suite jusqu'à l'ultime motif exprimable.

Par exemple, à la question : « Qu'avez-vous réalisé de particulièrement marquant ? » , vous répondez dans la phase d'affirmation :

– « Ma participation au marathon de Paris ! » (et vous donnez quelques précisions quant à l'année, la distance parcourue, le temps réalisé, etc.)

Puis dans la phase de justification, vous vous demandez :

– « Pourquoi ma participation à ce marathon était-elle si particulièrement marquante ? »

– « Parce que je suis arrivé dans les vingt premiers de ma catégorie. »

– « Pourquoi ce résultat était-il si marquant ? »

– « Parce que cela m'a demandé de la persévérance dans ma préparation. »

– « Pourquoi cette persévérance était-elle si marquante ? »

– « Parce que c'est une qualité que je souhaitais développer. »

– « Pourquoi souhaitais-je développer cette qualité ? »

- « Parce qu'elle me paraît essentielle pour réussir ma vie. »

- « Pourquoi cette qualité est-elle essentielle pour réussir ma vie ? »

- « Parce que, dans la vie privée comme dans la vie professionnelle, pour mener à bien un projet, il faut souvent le préparer longuement à l'avance. »

- « Pourquoi ? »

- « Euh ! Parce que c'est ainsi. » Là, vous êtes à court d'idées. Vous êtes donc arrivé au bout de votre réflexion.

Vous déduisez de cette réflexion qu'un trait marquant de votre personnalité consiste à préparer vos actions de longue haleine.

En situation d'entretien, vous pourrez exploiter cette caractéristique en la valorisant grâce à un exemple du type : « C'est d'ailleurs une des raisons pour lesquelles votre secteur d'activité, celui de l'automobile, m'attire. Car les projets s'y préparent secrètement plusieurs années à l'avance. »

L'exemple

Lorsque la question porte directement sur un des critères de sélection, donner un exemple semble facile.

Ainsi, si l'on vous demande : « Avez-vous l'esprit d'initiative ? », il vous suffit de répondre : « Oui. J'ai l'esprit d'initiative et je l'ai montré dans telle situation. » Là, vous choisissez un exemple dans votre passé. Vous avez pris l'initiative lors de l'organisation d'un tournoi ou d'une soirée, lors d'une négociation ou d'un accident, lors d'un choix d'études ou de voyage, etc.

Vous pouvez tout aussi bien choisir un exemple par rapport à la situation présente mais c'est un peu plus risqué : « J'ai pris l'initiative de téléphoner à votre secrétaire pour avoir plus de précisions sur le poste proposé. »

2. La méthode à suivre

Et si le recruteur vous pose des questions qui vous semblent plus philosophiques du style : « Aimez-vous l'argent ? », que lui répondriez-vous ?

Notez tout d'abord votre réponse ici même avant de lire les lignes qui suivent :

Il est fort probable que vous ayez répondu quelque chose comme ceci : « Oui, j'aime l'argent mais seulement comme un moyen et non pas comme un but en soi. J'aime l'argent pour ce qu'il me permet de me procurer et non pas pour lui-même. »

C'est une réponse correcte mais abstraite, banale et impersonnelle. Le candidat qui répond ainsi se croit dans une discussion de salon et non pas dans un entretien de motivation. Il aurait mieux valu personnaliser avec des phrases de ce style : « Oui, j'aime l'argent car si j'en avais je pourrais m'acheter ceci ou faire cela. »

Mettez-vous éventuellement en valeur à cette occasion : « Si j'avais de l'argent, je pourrais m'acheter un voilier. J'adore la voile. D'ailleurs, j'ai déjà passé le diplôme de moniteur national et entraîné dix adolescents l'été dernier à Chaviré-sur-mer. »

Ou encore : « Si j'avais de l'argent, j'en donnerais une partie aux chiffonniers d'Emmaüs. J'ai eu l'occasion de participer à des actions organisées par cette association et de constater à quel point certains vivent dans la misère la plus totale si près de nous. Ainsi, à Rienden-Lépoches, j'ai rencontré... »

La conclusion

Quand vous avez dit ce que vous vouliez, sachez conclure pour ne pas risquer de tourner en rond et de détruire ainsi le bon effet produit. C'est encore plus utile quand vous n'avez pas grand-chose à dire sur un sujet.

Dans la phase de conclusion de votre réponse, vous pouvez faire des extrapolations en tirant une conclusion générale à partir de données personnelles, ou faire des déductions en tirant les conséquences qui découlent de votre raisonnement ou de votre exemple.

Par exemple, à la question : « Quelle est la valeur la plus importante pour vous ? », vous répondez dans la phase d'affirmation :

– « La santé. »

Puis, pour la phase de justification, vous vous demandez :

– « Pourquoi la santé ? »

– « Parce qu'avec de gros ennuis de santé, je ne pourrais pas profiter des autres valeurs qui semblent importantes pour moi : l'amour, l'amitié, le temps libre, le travail. »

– « Et pourquoi donc ? »

– « Parce que la souffrance ou l'inquiétude accapareraient mon esprit. »

– « Et pourquoi ? »

– « Parce que j'aurais des ennuis de santé. » Là, vous tournez en rond. La dernière réponse n'est pas bonne. Si vous ne pouvez pas approfondir, vous devez soit bifurquer sur un exemple, soit passer à la phase de conclusion.

Vous ponctuez alors par : « Heureusement, je suis en bonne santé. Je ne fume pas. Je bois peu. Je fais du cyclisme deux fois par semaine. Je suis donc en parfaite forme pour m'investir dans le poste que vous proposez et qui nécessite une bonne résistance physique. »

2. La méthode à suivre

Dans la phase de conclusion, vous pouvez aussi terminer d'une tout autre façon, notamment par une pointe d'humour, par exemple : « Ainsi, mis à part le dollar, la santé me semble la valeur la plus importante. »

Maintenant que vous connaissez les deux principes et les trois phases de la méthode, il est indispensable de vous entraîner à les appliquer aux questions posées dans les chapitres suivants. Ceci afin de ne pas être pris au dépourvu lors de votre prochain entretien de motivation, de créer des automatismes et de développer ainsi aisance et confiance en soi.

Chapitre 3
Les questions générales

Les questions classiques

Les questions générales appellent des réponses qui peuvent porter soit sur les compétences, soit sur les motivations, soit sur les aptitudes.

« Qui êtes-vous ? »

Le recruteur pourrait aussi bien vous dire : « Présentez-vous ! » ou « Je vous écoute. » Il s'agit de la question la plus ouverte de l'entretien. En fait, vous pouvez y répondre en parlant de vos motivations (pour l'emploi ou le stage proposé, pour le secteur d'activité, pour vos projets professionnels...), de vos compétences ou de vos aptitudes. À vous d'orienter votre réponse en toute liberté en choisissant ce qui vous permettra de vous mettre le plus en valeur.

 Votre affirmation :

....

....

■ Votre justification :

....

....

....

....

■ Votre conclusion :

....

....

« Quels sont vos points forts ? »

Pensez aux matières étudiées, à vos diplômes, aux responsabilités exercées, aux stages effectués, aux travaux réalisés, à vos compétences techniques, artistiques, intellectuelles, à vos hobbies, etc. [5]

Vous pouvez aussi vous référer à la liste de vos aptitudes (cf. 2e partie du livre). Choisissez celles qui vous permettront de vous mettre le plus en valeur par rapport au stage ou emploi proposé. Ne baratinez pas. Si vous n'êtes pas quelqu'un de particulièrement à l'aise en public, ne prétendez pas avoir une grande aisance physique. Votre interlocuteur ne vous croira pas sur ce point et risquera de mettre en doute toutes vos autres affirmations.

■ Votre affirmation :

....

....

■ Votre justification :

....

....

....

....

5. Cf. la recherche, le classement et la sélection des points forts en pages 80 à 82 du livre *Le C.V. et la lettre de motivation* des mêmes auteurs dans la même collection.

3. Les questions générales

■ Votre conclusion :

....

....

« Quels sont vos points faibles ? »

Là, il ne faut pas trop tricher. Cela se verrait. Vous pouvez choisir une qualité que vous présentez comme un défaut. Par exemple : « trop perfectionniste », « trop sincère », « trop enthousiaste ». Mais n'oubliez pas qu'il vous faudra ensuite donner des exemples illustrant que cela a été un point faible pour vous. S'il s'agit de votre premier emploi, vous ne risquez pas grand-chose à reconnaître que votre manque d'expérience est un point faible. Mais compensez ensuite en soulignant par exemple votre enthousiasme ou votre disponibilité.

■ Votre affirmation :

....

....

■ Votre justification :

....

....

....

....

■ Votre conclusion :

....

....

« Quel bilan tirez-vous de vos jobs, de vos stages ? »

Faites une analyse objective de chaque situation en évitant toutefois d'être trop négatif. Donnez à chaque fois des éléments positifs. Puis faites la synthèse de l'ensemble.

L'entretien **de motivation**

■ Votre affirmation :

....

....

■ Votre justification :

....

....

....

....

■ Votre conclusion :

....

....

« Comment pensez-vous concilier vie personnelle et vie professionnelle ? »

Cela correspond à des questions du type : « Allez-vous privilégier votre vie personnelle ? » ou « Si votre conjoint est muté, le suivez-vous ? » ou « Êtes-vous prêt à vous déplacer à l'étranger ? en province ? » Cette question est plus souvent posée aux femmes.

■ Votre affirmation :

....

....

■ Votre justification :

....

....

....

....

3. Les questions générales

■ Votre conclusion :

....

....

« Quels sont les principaux atouts à avoir pour obtenir cet emploi ? »

Avant l'entretien, lisez attentivement les petites annonces concernant ce genre d'emploi. Réfléchissez et ne tombez pas à côté. Pensez que votre interlocuteur vous demandera probablement ensuite si vous avez ces qualités.

■ Votre affirmation :

....

....

■ Votre justification :

....

....

....

....

■ Votre conclusion :

....

....

« Pourquoi pensez-vous donner satisfaction dans cet emploi ? »

La question peut être formulée différemment : « Pourquoi devrais-je vous accorder la préférence par rapport aux autres candidats ? » Ou « Dites-moi en quelques mots pourquoi je devrais retenir votre candidature. » Ou encore : « Qu'est-ce qu'un employeur peut attendre de vous ? » Il s'agit ici de développer vos principaux atouts par rapport à l'emploi proposé.

L'entretien de motivation

- Votre affirmation :

....

....

- Votre justification :

....

....

....

....

- Votre conclusion :

....

....

« Quel type de patron souhaiteriez-vous avoir ? »

La question pourrait s'apparenter à : « Qu'attendez-vous de votre supérieur hiérarchique ? » Vous souhaitez bien entendu qu'il vous laisse la possibilité de mettre en valeur certaines de vos motivations, compétences ou aptitudes. Lesquelles ?

- Votre affirmation :

....

....

- Votre justification :

....

....

....

....

- Votre conclusion :

....

....

3. Les questions générales

« Pourquoi êtes-vous au chômage ? »

Ou : « Pourquoi avez-vous perdu votre dernier emploi ? » ou « Pourquoi voulez-vous quitter votre employeur actuel ? » ou « Pourquoi n'avez-vous pas encore trouvé de travail depuis la fin de vos études ? ». N'oubliez pas de présenter votre réponse de façon positive.

▪ Votre affirmation :

....

....

▪ Votre justification :

....

....

....

....

▪ Votre conclusion :

....

....

« Avez-vous quelque chose à ajouter ? »

C'est une question très ouverte qui vient habituellement en fin d'entretien et doit vous permettre de conclure. Ou bien vous ajoutez un point fort que vous avez oublié de signaler. Ou bien vous résumez les points forts de l'entretien et concluez sur un espoir fondé de voir votre candidature retenue.

▪ Votre affirmation :

....

....

▪ Votre justification :

....

....

....

....

■ Votre conclusion :

....

....

Les questions induites

Ce sont des questions dont les réponses peuvent porter à la fois sur les motivations, les compétences ou les aptitudes du type : « Qu'avez-vous retenu de telle expérience ? » ou « Pourquoi ne poursuivez-vous pas vos études ? »

Notez ci-dessous les questions induites par la situation à laquelle vous êtes confronté ou par votre profil et réfléchissez à vos réponses.

◆ Question n° 1 :

....

Votre réponse :

....

....

....

◆ Question n° 2 :

....

Votre réponse :

....

....

....

3. Les questions générales

◆ Question n°3 :

....

Votre réponse :

....

....

....

◆ Question n° 4 :

....

Votre réponse :

....

....

....

◆ Question n° 5 :

....

Votre réponse :

....

....

....

Chapitre 4
Les questions sur vos motivations

Les questions classiques

« Pourquoi êtes-vous intéressé par le stage ou l'emploi proposé ? »

Il s'agit d'une question qui vous ramène à d'autres questions du style :
« Qu'attendez-vous du stage ou de l'emploi proposé ? », « Quels sont vos
points forts par rapport au stage ou emploi proposé ? », « Pourquoi cherchez-vous un stage ou un emploi ? », « Pourquoi cherchez-vous dans tel
secteur d'activité ? », « Pourquoi cherchez-vous tel type de poste ? »,
« Pourquoi vous adressez-vous à notre entreprise plus particulièrement ? »
À vous d'orienter votre réponse en fonction de ce qui vous arrange.

■ Votre affirmation :

L'entretien de motivation

■ Votre justification :

....

....

....

....

■ Votre conclusion :

....

....

« Pourquoi êtes-vous attiré par cette profession ? »

Cette question vous est habituellement posée lors d'une recherche d'emploi. Pour une recherche de stage, on vous demandera plutôt : « Quel métier aimeriez-vous faire ? » Donnez vos motivations réelles. Reconnaissez les influences éventuellement subies sans toutefois les considérer comme exclusives. Ne donnez pas l'impression que votre décision vous a été dictée par d'autres et que vous êtes excessivement influençable. Votre choix a-t-il été déterminé par les débouchés, les rémunérations, l'intérêt du travail, etc. ?

■ Votre affirmation :

....

....

■ Votre justification :

....

....

....

....

■ Votre conclusion :

....

....

4. Les questions sur vos motivations

« Quel type d'activité vous attire le plus ? »

Ou : « Pourquoi êtes-vous attiré par ce domaine d'activité ? » Il existe quinze familles de métiers : artistique/culturelle, commerciale/marketing, conseil/formation/enseignement, contrôle/sécurité, études/recherche, finances/comptabilité, gestion/organisation, information/communication, juridique/fiscale, médicale/paramédicale, ressources humaines, scientifique, sociale, sportive, technique.[6]

■ Votre affirmation :

....

....

■ Votre justification :

....

....

....

....

■ Votre conclusion :

....

....

« Quel secteur d'activité vous attire le plus ? »

Ou : « Pourquoi voulez-vous travailler dans notre secteur d'activité ? » ou « Que connaissez-vous des spécificités de notre secteur d'activité ? » Il existe de nombreux secteurs : énergie, sidérurgie et métallurgie, matériaux de construction et verre, chimie et parachimie, médical et paramédical, pharmaceutique, fonderie et travail des métaux, mécanique, électrique et électronique, automobile, aéronautique et spatial, agroalimentaire, textile, cuir et habillement, bois, ameublement et papier-carton, industries graphiques et imprimerie, caoutchouc et matières plastiques, bâtiment et travaux publics, grande distribution, hôtellerie et restauration, transports, télécommunications, ingénierie, informa-

---

6. Pour en savoir plus par rapport à ces fonctions, vous pouvez lire *Faites le bilan de vos compétences* de Patrick de Sainte Lorette et Corinne Goetz, Eyrolles Pratique. Dans ce livre, vous pourrez tester vos aptitudes pour une famille de métiers.

tique, conseil, gestion des ressources humaines, immobilier, banques, assurances, action sociale et prévoyance, recherche, communication, tourisme, activités culturelles et de loisirs, fonction publique. Donnez vos motivations pour le secteur qui vous attire : est-il en pleine mutation, en développement constant ? Offre-t-il des opportunités de missions à l'étranger, etc.

■ Votre affirmation :

....

....

■ Votre justification :

....

....

....

....

■ Votre conclusion :

....

....

« Pourquoi voulez-vous travailler dans notre société ? »

Ou : « Que savez-vous de notre société ? » Renseignez-vous bien évidemment auparavant sur le poste proposé, l'entreprise concernée, le secteur d'activité. Trouvez la corrélation entre ces différents éléments et vos atouts.[7]

■ Votre affirmation :

....

....

■ Votre justification :

....

7. Cf. le classement des arguments selon le type de candidature en pages 89 à 92 du livre *Le C.V. et la lettre de motivation* des mêmes auteurs dans la même collection.

4. **Les questions sur vos motivations**

■ Votre conclusion :

« Quel est votre objectif de carrière ? »

Cette question est proche de : « Comment vous voyez-vous dans cinq, dix ou quinze ans ? » ou « Qu'espérez-vous devenir à quarante ans ? » ou « Si vous étiez totalement libre de choisir votre métier, quel emploi aimeriez-vous occuper ? » Faites preuve à la fois de modestie dans la forme et d'ambition dans le fond. Soyez raisonnable toutefois dans vos projets et montrez un certain réalisme : à vingt-cinq ans, vouloir être directeur général d'un grand groupe n'est pas une marque d'ambition mais d'utopie. Ayez du tact aussi. Évitez les phrases du style : « Je me verrais bien à votre place. »

■ Votre affirmation :

■ Votre justification :

■ Votre conclusion :

L'entretien de motivation

« Pourquoi voulez-vous travailler ? »

Abraham Maslow, spécialiste américain de la personnalité, décelait cinq degrés de besoins : physiologiques (se nourrir), de sécurité (se protéger financièrement), d'appartenance à un groupe (avoir des amis, des relations, communiquer), de reconnaissance de soi (avoir de l'influence, être estimé), d'accomplissement (utiliser et développer toutes ses capacités, s'épanouir). Il existe d'autres classements. Répondez sincèrement par rapport à vos propres motivations et n'utilisez pas obligatoirement les termes évoqués ci-dessus.

■ Votre affirmation :

....

....

■ Votre justification :

....

....

....

....

■ Votre conclusion :

....

....

« Qu'est-ce qui vous attire dans notre région ? »

Ou : « Que pensez-vous de notre région ? » ou « Aurez-vous envie de rester dans notre région ? » Renseignez-vous bien entendu auparavant sur la région concernée. Montrez-en les avantages. Toutefois, le lieu géographique n'est qu'un des éléments parmi tant d'autres : le poste, l'entreprise, le secteur d'activité, les opportunités de carrière, etc.

4. Les questions sur vos motivations

■ Votre affirmation :

....

....

■ Votre justification :

....

....

....

....

■ Votre conclusion :

....

....

« Quels sont vos centres d'intérêt ? »

Ou : « Quels sont vos hobbies ? » ou « Quelles sont vos passions ? » ou « À quoi passez-vous vos temps libres ? » Montrez de préférence votre éclectisme en présentant des centres d'intérêt différents.

■ Votre affirmation :

....

....

■ Votre justification :

....

....

....

....

■ Votre conclusion :

....

....

L'entretien de motivation

Les questions induites

Ce sont des questions de motivation du type : « Envisagez-vous de rester longtemps dans notre société ? » ou « Pourquoi ne continuez-vous pas à élever vos enfants ? »
Notez ci-dessous les questions induites par la situation à laquelle vous êtes confronté ou par votre profil et réfléchissez à vos réponses.

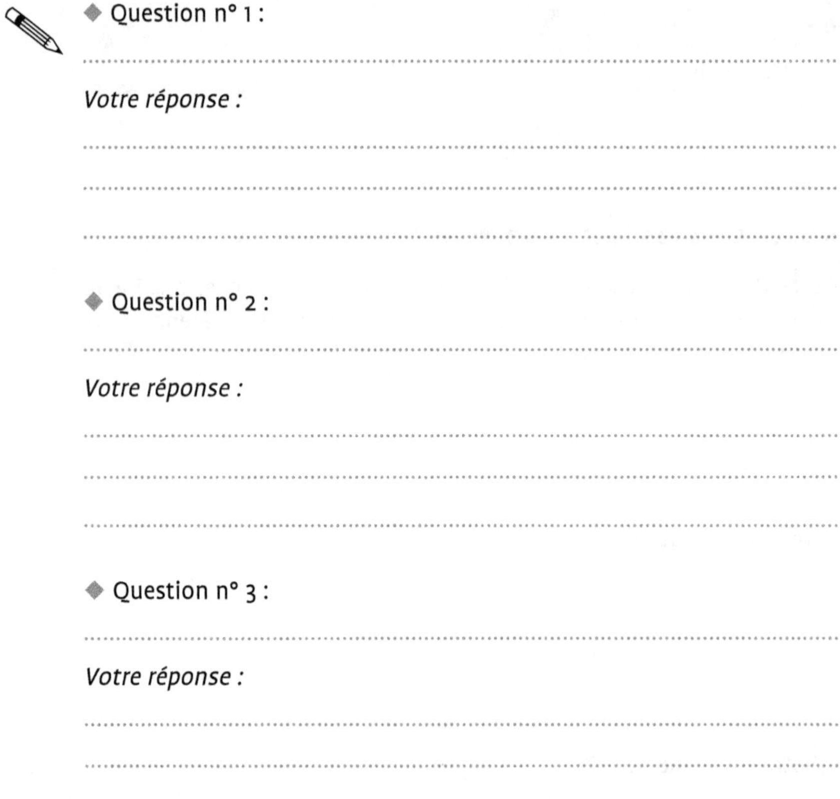

◆ Question n° 1 :

....

Votre réponse :

....

....

....

◆ Question n° 2 :

....

Votre réponse :

....

....

....

◆ Question n° 3 :

....

Votre réponse :

....

....

....

4. Les questions sur vos motivations

◆ Question n° 4 :

....

Votre réponse :

....

....

....

◆ Question n° 5 :

....

Votre réponse :

....

....

....

Chapitre 5
Les questions sur vos compétences

Les questions sur vos compétences portent essentiellement sur vos connaissances scolaires, professionnelles, techniques, culturelles, votre niveau, vos méthodes, votre expérience d'une situation.

Les questions classiques

« Quelles compétences avez-vous développées dans vos activités professionnelles ? »

Vous pouvez souligner les compétences nécessaires pour les postes occupés précédemment, les missions réalisées, les résultats obtenus.

L'entretien de motivation

■ Votre affirmation :

....

....

■ Votre justification :

....

....

....

■ Votre conclusion :

....

....

« Quelles compétences avez-vous développées dans vos activités sociales ? »

Il peut s'agir notamment de vos diplômes ou spécialisations, des matières étudiées, des options choisies, des travaux réalisés avec succès.

■ Votre affirmation :

....

....

■ Votre justification :

....

....

....

....

5. Les questions sur vos compétences

▪ Votre conclusion :

....

....

« Quelles compétences avez-vous développées dans vos activités culturelles ? »

Vous pouvez mentionner les compétences développées par exemple comme responsable d'une activité dans une collectivité, comme membre d'un mouvement de jeunesse ou du bureau d'une association.

▪ Votre affirmation :

....

....

▪ Votre justification :

....

....

....

....

▪ Votre conclusion :

....

....

« Quelles compétences avez-vous développées dans vos activités de loisirs ? »

Il s'agit de connaissances approfondies que vous avez acquises, indépendamment de vos études, sur un sujet particulier comme l'impressionnisme ou l'apiculture.

L'entretien **de motivation**

■ Votre affirmation :

....

....

■ Votre justification :

....

....

....

....

■ Votre conclusion :

....

....

Il peut s'agir notamment d'activités sportives mais aussi d'activités sensorielles ou motrices, comme la peinture, la musique, la cuisine ou encore d'activités ludiques comme les échecs, le bridge, le go.

■ Votre affirmation :

....

....

■ Votre justification :

....

....

....

....

■ Votre conclusion :

....

....

5. Les questions sur vos compétences

Les questions spécifiques

Ce sont des questions du type : « Quelles langues parlez-vous couramment ? », « Sur quels logiciels avez-vous déjà travaillé ? », « Quelles connaissances avez-vous sur tel sujet ? », « Si vous aviez à résoudre tel problème, comment vous y prendriez-vous ? », « Que vous a apporté le fait d'avoir vécu à l'étranger ? », « Quelle est votre expérience du Web ? », « Avez-vous déjà pratiqué le B to B ?« , « Ne pensez-vous pas que ce soit un handicap d'être une femme pour ce type d'emploi ? », « N'êtes-vous pas trop jeune (ou trop vieux) pour ce poste ? » Notez ci-dessous les questions induites par la situation à laquelle vous êtes confronté ou par votre profil et réfléchissez à vos réponses.

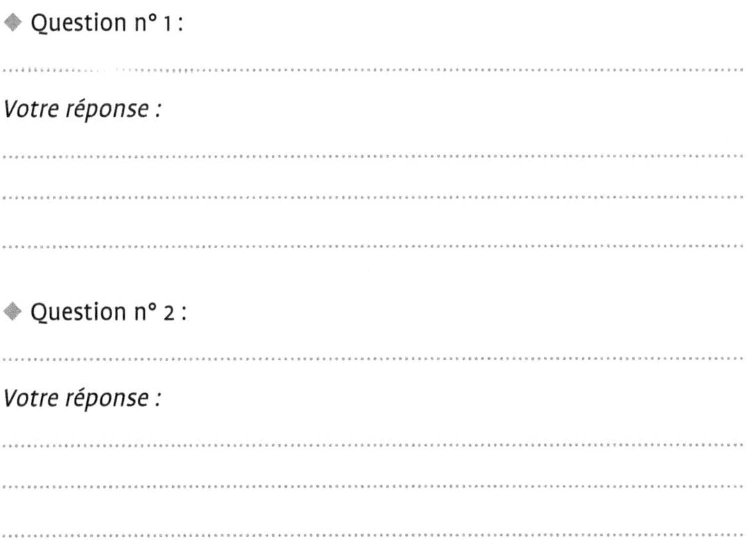

◆ Question n° 1 :

....

Votre réponse :

....

....

....

◆ Question n° 2 :

....

Votre réponse :

....

....

....

L'entretien **de motivation**

◆ Question n° 3 :

....

Votre réponse :

....

....

....

◆ Question n° 4 :

....

Votre réponse :

....

....

....

◆ Question n° 5 :

....

Votre réponse :

....

....

....

Deuxième partie

Comment satisfaire aux critères de sélection

Vous trouverez dans les pages suivantes la liste des principaux critères de sélection lors d'un entretien d'évaluation. Il y a quatre catégories de critères : psychologiques, intellectuels, physiques, d'expression.

Pour vérifier si vous répondez à ces critères, le recruteur dispose de deux moyens principaux.

Tantôt il vous jugera en fonction du contenu de vos réponses, de vos raisonnements et de vos exemples. Notamment pour les critères concernant l'aptitude au travail d'équipe, le sens des responsabilités, la culture générale.

Tantôt il vous jugera en fonction de votre comportement, de votre façon de répondre. Par exemple pour tous les critères d'expression.

Mais, dans la majorité des cas, les deux moyens seront utilisés conjointement.

Réfléchissez aux questions liées aux différents critères, car elles risquent de vous être posées.

Toutefois, certaines questions ne vous seront jamais posées. Mais, l'introspection et et la réflexion qu'elles vous obligeront à effectuer vous seront d'une grande utilité. Elles vous apporteront des idées nouvelles. Elles vous inciteront aussi à préparer des réponses que vous pourrez communiquer chaque fois que vous y trouverez un inrérêt.

Pour les critères psychologiques, intellectuels et physiques, plusieurs questions vous seront parfois proposées. Dans ce cas, choisissez celle que vous voulez et ne répondez qu'à celle-ci.

En ce qui concerne les critères d'expression, votre interlocuteur vous jugera exclusivement sur votre façon de vous exprimer. C'est pourquoi aucune question ne vous sera posée concernant ces critères.

Chapitre 6
Les critères psychologiques

Les principaux critères psychologiques

Authenticité, sincérité

Jouez le jeu. N'hésitez pas à vous impliquer. Montrez au recruteur que vous n'avez rien à cacher. Mais, attention ! Ce n'est pas le jeu de la vérité. Il n'est pas nécessaire de tout dire. Les omissions volontaires ne sont pas interdites.

Questions : « Êtes-vous quelqu'un de sincère ? », « Ne vous reproche-t-on pas parfois d'être trop franc ? », « N'êtes-vous pas en train d'enjoliver les choses dans cet entretien ? », « N'avez-vous pas tendance à vous mettre un peu trop en valeur ? »

- Votre affirmation :

....

....

- Votre justification :

....

....

....

....

- Votre conclusion :

....

....

Conscience professionnelle

La conscience professionnelle se manifeste notamment par la qualité du travail effectué mais aussi par l'assiduité, la disponibilité, la ponctualité…

Question : « Êtes-vous quelqu'un de consciencieux ? »

- Votre affirmation :

....

....

- Votre justification :

....

....

....

....

6. Les critères psychologiques

■ Votre conclusion :

....

....

Aptitude au commandement

N'essayez pas de mener de façon directive l'entretien pour prouver à votre interlocuteur vos capacités d'autorité, de leadership, d'ascendant. Laissez-le apparemment mener l'entretien mais abordez toutefois tous les thèmes que vous aviez initialement prévus.

Questions : « Sur combien de personnes avez-vous de l'influence ? », « Dans un groupe, êtes-vous habituellement le leader ? », « Avez-vous déjà eu à diriger des gens ? », « En quelles circonstances avez-vous manifesté des aptitudes à stimuler, à animer ? »

■ Votre affirmation :

....

....

■ Votre justification :

....

....

....

....

■ Votre conclusion :

....

....

L'entretien de motivation

Sens des responsabilités

C'est avoir le pouvoir de prendre des décisions. C'est aussi répondre de ses actes et parfois de ceux d'autrui.

Questions : « Quelles responsabilités avez-vous déjà exercées ? », « Dans quelles situations avez-vous manifesté votre sens des responsabilités ? »

■ Votre affirmation :

....

....

■ Votre justification :

....

....

....

■ Votre conclusion :

....

....

Courage d'assumer ses opinions

Vous n'êtes pas obligé d'être du même avis que tout le monde. Ni du même avis que le recruteur. Défendez vos idées avec conviction. Si vous ne partagez pas l'opinion de votre interlocuteur, dites-le lui avec des arguments et du tact. Évitez surtout d'être un béni-oui-oui.

Mais ne tombez pas dans l'excès inverse : l'esprit de contradiction !

Questions : « Quelles opinions difficiles avez-vous eu à défendre ? », « Quelle opinion minoritaire et facilement contestable pouvez-vous défendre devant moi ? »

6. Les critères psychologiques

■ Votre affirmation :

....

....

■ Votre justification :

....

....

....

....

■ Votre conclusion :

....

....

Capacité d'assumer des situations conflictuelles

Toute entreprise engendre nécessairement des situations conflictuelles : grèves, revendications, contestations, frustrations, mésententes, jalousies. Il peut s'agir de conflits avec des salariés de l'entreprise, des clients, des fournisseurs, des concurrents. Savoir gérer ces situations et résister aux agressions, aux culpabilisations sont des qualités appréciées notamment pour les postes d'encadrement.

Pour vous tester, votre interlocuteur vous posera peut-être des questions que vous pourriez ressentir comme agressives. Évitez de lui répondre avec agressivité. S'il vous demande « quels sont vos principaux défauts ? », ne lui répondez pas « et les vôtres ? »

Questions : « Quelles situations conflictuelles avez-vous eu à affronter ? », « Comment se sont passés vos premiers conflits avec vos parents ? »

■ Votre affirmation :

....

....

L'entretien de motivation

■ Votre justification :

....

....

....

....

■ Votre conclusion :

....

....

Aptitude aux expériences

Certaines professions nécessitent du concret. Les grandes théories, les idées abstraites n'y sont pas les bienvenues.

Questions : « Quelles expériences avez-vous menées à terme ? », « Qu'avez-vous réalisé de particulièrement marquant ? », « De quelles actions êtes-vous le plus fier ? »

■ Votre affirmation :

....

....

■ Votre justification :

....

....

....

....

■ Votre conclusion :

....

....

6. Les critères psychologiques

Adaptabilité au changement

De nombreuses personnes manifestent une certaine résistance au changement. Or, dans les entreprises, les hommes changent, les idées évoluent, les règles sont transformées, les postes peuvent être modifiés, les stratégies peuvent être inversées : des concurrents d'hier peuvent devenir des alliés d'aujourd'hui. Il est donc nécessaire de s'adapter aux changements.

Question : « Quel changement important avez-vous vécu et comment vous y êtes-vous adapté ? »

■ Votre affirmation :

....

....

■ Votre justification :

....

....

....

....

■ Votre conclusion :

....

....

Goût de la mobilité

C'est une qualité appréciée dans un certain nombre de professions. Pour la tester, une première approche s'effectue à travers vos goûts, vos activités.

Questions : « Avez-vous surtout des activités sédentaires ? », « Préférez-vous travailler au même endroit ou à des endroits différents ? », « Accepteriez-vous des déplacements en province, à l'étranger ? »

L'entretien de motivation

■ Votre affirmation :

....

....

■ Votre justification :

....

....

....

....

■ Votre conclusion :

....

....

Goût du risque

Dans toute entreprise, chaque personne doit à un moment ou à un autre prendre des risques, mais des risques mesurés, calculés. Il en va de même dans la vie. Mais attention ! Rouler à 180 km/heure sur une petite route de campagne, ce n'est pas une prise de risque mais de l'inconscience.

Question : « Quels risques avez-vous déjà pris ? »

■ Votre affirmation :

....

....

■ Votre justification :

....

....

....

....

6. Les critères psychologiques

■ Votre conclusion :

....

....

Aptitude au travail d'équipe

Une entreprise, c'est une collectivité. Il faut donc nécessairement travailler en collaboration avec les autres. Être solidaire. Participer. Cela ne signifie pas pour autant qu'il n'y ait pas de travail individuel à effectuer.

Question : « Quelles activités collectives avez-vous déjà pratiquées ? »

■ Votre affirmation :

....

....

■ Votre justification :

....

....

....

....

■ Votre conclusion :

....

....

Aptitude à la communication

Il est évidemment nécessaire dans une entreprise de communiquer des informations à ses supérieurs, ses collaborateurs, ses subordonnés. Il faut éviter certaines rétentions d'informations mais à l'inverse il faut aussi savoir conserver certaines informations confidentielles.

Votre comportement pendant l'entretien donnera de sérieuses indications à votre interlocuteur quant à vos capacités de communication. Si

L'entretien de motivation

l'on vous demande : « Parlez-vous anglais ? » ne répondez pas « oui » ou « non » mais commentez. Si c'est « oui », donnez votre niveau, dites comment et où vous vous êtes perfectionné, précisez si vous avez effectué des voyages dans des pays anglo-saxons. Si c'est « non », indiquez les langues que vous avez apprises et apportez des informations complémentaires.

Question : « Quand avez-vous fait particulièrement preuve de capacités de communication ? »

■ Votre affirmation :

....

....

■ Votre justification :

....

....

....

....

■ Votre conclusion :

....

....

Aptitude à l'écoute

C'est un des éléments de la communication, facile à tester dans l'entretien en fonction de votre comportement. Faites attention à bien écouter votre interlocuteur, à ne pas lui couper la parole, à suivre ses idées et non pas uniquement les vôtres, à ne pas répondre à côté de ses questions.

Question : « Dans quelle situation avez-vous été particulièrement à l'écoute de quelqu'un ? »

6. Les critères psychologiques

■ Votre affirmation :

....

....

■ Votre justification :

....

....

....

....

■ Votre conclusion :

....

....

Aptitude à la négociation

La négociation fait partie du quotidien dans la vie de l'entreprise. Vous aurez à négocier une idée, un projet, un accord, un service, un produit auprès de vos subordonnés, collaborateurs, supérieurs hiérarchiques, prospects, clients, concurrents.

Questions : « Quelles négociations avez-vous déjà menées avec succès ? », « Comment vous y prenez-vous pour négocier quelque chose ? »

■ Votre affirmation :

....

....

■ Votre justification :

....

....

....

L'entretien de motivation

■ Votre conclusion :

....

....

Autonomie

Il s'agit de la faculté de résoudre seul un problème, une difficulté, un projet, sans l'assistance de sa hiérarchie ou de ses collègues.

Questions : « Dans quelles circonstances avez-vous fait preuve d'autonomie ? », « Quand avez-vous été autonome pour la première fois ? », « Vivez-vous encore chez vos parents ? », « Avez-vous voyagé seul ? »

■ Votre affirmation :

....

....

■ Votre justification :

....

....

....

■ Votre conclusion :

....

....

Stabilité émotionnelle

Il est nécessaire dans une vie de groupe de maîtriser ses sentiments et même parfois de savoir les cacher. Les anxieux, les colériques, les cyclothymiques[8] ne sont pas particulièrement recherchés. Dites ce que vous avez à dire avec calme. Manifestez de la pondération.

---

8. Personnes sujettes à des changements d'humeur fréquents.

6. Les critères psychologiques

Questions : « Vous arrive-t-il d'être angoissé ? », « Vous mettez-vous souvent en colère ? »

■ Votre affirmation :

....

....

■ Votre justification :

....

....

....

....

■ Votre conclusion :

....

....

Confiance en soi

La confiance en soi, c'est un sentiment d'identité personnelle, d'affirmation de soi. Ne doutez pas continuellement de vos forces et de votre potentiel. Ne vous dévalorisez pas. Mais connaissez aussi vos propres limites. Il n'est pas interdit de douter parfois de l'issue d'une démarche, d'un projet, d'un concours…

Questions : « Quand et comment avez-vous manifesté une confiance particulière en vos capacités ? », « Dans quelles circonstances avez-vous douté de vous ? »

■ Votre affirmation :

....

....

- Votre justification :

....

....

....

....

- Votre conclusion :

....

....

Volonté de réussir

L'ambition ne doit pas être confondue avec l'arrivisme. L'arriviste essaie de réussir à tout prix au détriment des autres, en utilisant éventuellement des coups bas. L'ambitieux a un désir de réussite motivé souvent par la considération, l'argent ou le pouvoir. Une première approche de ce critère s'effectue avec la question sur les objectifs de carrière.[9] N'ayez pas toutefois d'ambitions démesurées par rapport à vos compétences et à vos capacités.

Question : « Que souhaitez-vous réussir dans votre existence ? »

- Votre affirmation :

....

....

- Votre justification :

....

....

....

....

9. Cf. page 61.

6. Les critères psychologiques

■ Votre conclusion :

....

....

Ouverture aux autres

Dans une entreprise, on rencontre des personnes de catégories sociales différentes, de métiers différents, de nationalités différentes, de mentalités différentes. Il est très utile de savoir s'adapter aux autres, à leurs façons de penser, de parler, d'agir, de ressentir les évènements.

Questions : « En quelle situation avez-vous eu à vous adapter à un groupe social différent ? », « Comment avez-vous fait lors de vos voyages à l'étranger pour vous adapter aux autres ? »

■ Votre affirmation :

....

....

■ Votre justification :

....

....

....

....

■ Votre conclusion :

....

....

Ténacité, persévérance

Il y a parfois plusieurs années entre le début d'un projet et sa réalisation définitive, sa commercialisation. Il faut savoir ne pas se laisser abattre par les échecs, savoir attendre le bon moment, insister comme il le faut, être patient. Ce sont des qualités appréciées en maintes occasions, notamment dans la recherche et la vente.

Questions : « Quand avez-vous eu à faire preuve de persévérance ? », « Abandonnez-vous facilement quand les évènements ne se déroulent pas exactement comme vous le souhaitiez initialement ? »

■ Votre affirmation :

....

....

■ Votre justification :

....

....

....

■ Votre conclusion :

....

....

Enthousiasme

C'est une qualité d'autant plus appréciée qu'elle manque à beaucoup de candidats. Il paraît que l'enthousiasme est le propre de la jeunesse. Pourtant beaucoup de jeunes se conduisent et s'expriment tristement. Montrez votre enthousiasme. Notamment lorsque vous parlez de vos hobbies, de vos centres d'intérêt, de certains de vos projets.

Questions : « Qu'est-ce qui vous enthousiasme ? », « Êtes-vous capable de vous enthousiasmer pour certaines causes ? »

6. Les critères psychologiques

■ Votre affirmation :

....

....

■ Votre justification :

....

....

....

....

■ Votre conclusion :

....

....

Diplomatie, tact

Ces qualités sont utiles notamment pour le commandement, la négociation, la communication, le travail en groupe. C'est dire qu'elles sont particulièrement appréciées. Elles sont assez faciles à constater lors de l'entretien, compte tenu de la formulation de vos réponses. Par exemple, si le recruteur vous pose une question à laquelle vous pensez avoir déjà répondu, ne lui dites pas avec un ton légèrement irrité : « Comme je vous l'ai déjà dit tout à l'heure... »

Question : « Quand et comment avez-vous eu à faire preuve de diplomatie ? »

■ Votre affirmation :

....

....

■ Votre justification :

....

....

■ **Votre conclusion :**

Sens de l'organisation

Organiser son travail, ses documents, les tâches de ses collaborateurs, gérer son temps, voilà des qualités recherchées. Montrez aussi des qualités d'organisation dans la formulation de vos réponses.

Questions : « Quelles activités avez-vous eu à organiser pour un groupe ? », « Comment avez-vous organisé vos prochaines vacances ? », « Comment vous organisiez-vous pour préparer vos examens ? » [10]

■ **Votre affirmation :**

■ **Votre justification :**

■ **Votre conclusion :**

10. *Tester et développer sa mémoire* de Patrick de Sainte Lorette et Jo Marzé, Eyrolles Pratique. Dans ce livre, vous pourrez tester vos aptitudes d'organisation, de concentration, de classification, etc.

6. Les critères psychologiques

Débrouillardise

Être débrouillard, cela signifie trouver des solutions originales… et non pas malhonnêtes ou incorrectes. Ne dites pas : « Quand je vais au cinéma, je resquille toujours pour ne pas faire la queue » ou « Dans le métro, je me débrouille pour ne pas payer. » Montrez que vous avez le sens pratique, que vous réparez facilement les machines, les mécanismes…

Question : « En quelles circonstances avez-vous manifesté un esprit de débrouillardise ? »

■ Votre affirmation :

....

....

■ Votre justification :

....

....

....

....

■ Votre conclusion :

....

....

Capacité d'initiative

Dans l'entretien, prenez des initiatives. Posez des questions. Lorsque votre interlocuteur respecte des temps de silence, profitez-en pour approfondir un thème qui vous intéresse ou au contraire sortir d'un thème qui vous embarrasse et orienter vers d'autres thèmes.

Question : « Quand avez-vous fait preuve d'esprit d'initiative ? »

■ Votre affirmation :

....

....

■ Votre justification :

....

....

....

....

■ Votre conclusion :

....

....

Esprit de discipline

Dans une entreprise, il y a des règles écrites et d'autres tacites qu'il faut respecter. Les esprits contestataires, revendicatifs ne sont pas particulièrement recherchés .

Questions : « Vous arrive-t-il fréquemment de contester ? », « Que pensez-vous de la dernière grève à la SNCF ? », « Que pensez-vous de la discipline dans l'armée ? »

■ Votre affirmation :

....

....

■ Votre justification :

....

....

....

■ Votre conclusion :

....

....

6. Les critères psychologiques

Grille d'évaluation de vos aptitudes psychologiques

Faites-vous interviewer par une autre personne puis évaluez votre entretien avec la grille suivante. Entourez la bonne réponse.

	– –	–	+	+ +
Authenticité, sincérité	Simulateur	Cachottier	Naturel	Sincère
Conscience professionnelle	Indifférent	Fantaisiste	Sérieux	Scrupuleux
Aptitude au commandement	Dominé	Effacé	Compétent	Influent
Sens des responsabilités	Irresponsable	Irréfléchi	Réfléchi	Responsable
Courage d'assumer ses opinions	Peureux	Faible	Ferme	Courageux
Capacité d'assumer des conflits	Fuyant	Craintif	Combatif	Pugnace
Aptitude aux expériences	Théorique	Abstrait	Concret	Pragmatique
Adaptabilité au changement	Fermé	Réticent	Curieux	Ouvert
Goût de la mobilité	Figé	Casanier	Disponible	Mobile
Goût du risque	Timoré	Prudent	Audacieux	Intrépide
Aptitude au travail d'équipe	Asocial	Retenu	Coopératif	Social
Aptitude à la communication	Malaisée	Insuffisante	Suffisante	Aisée
Aptitude à l'écoute	Inattentif	Distrait	Intéressé	Attentif
Aptitude à la négociation	Incompétent	Maladroit	Adroit	Stratège
Autonomie	Dépendant	Limité	Libre	Indépendant
Stabilité émotionnelle	Instable	Tendu	Contrôlé	Équilibré
Confiance en soi	Incertain	Hésitant	Serein	Confiant
Volonté de réussite	Veule	Velléitaire	Volontaire	Ambitieux

L'entretien de motivation

Ouverture aux autres	Inflexible	Rigide	Souple	Prévenant
Ténacité, persévérance	Lâcheur	Inconstant	Constant	Accrocheur
Enthousiasme	Déprimé	Triste	Enjoué	Exalté
Diplomatie, tact	Cassant	Gauche	Habile	Fin
Sens de l'organisation	Désorganisé	Brouillon	Ordonné	Méthodique
Débrouillardise	Nigaud	Embarrassé	Astucieux	Débrouillard
Capacité d'initiative	Irrésolu	Indécis	Décidé	Entreprenant
Esprit de discipline	Frondeur	Indocile	Obéissant	Discipliné

Chapitre 7
Les critères intellectuels

Les principaux critères intellectuels

Maturité

Être mature, c'est agir avec circonspection, retenue. Beaucoup d'adolescents et certains adultes sont immatures dans le sens où ils ont des certitudes, où ils sont catégoriques. Les personnes matures affirment de manière moins absolue, reprenant à leur compte ce que disait Socrate : « Je ne sais qu'une chose, c'est que je ne sais rien. » Plus elles apprennent, plus elles se rendent compte qu'elles ont à apprendre. Plus elles savent, plus elles doutent.

Les sophistes, philosophes grecs, pensaient que sur de nombreux sujets, on peut défendre le pour et le contre, qu'il n'y a pas qu'une seule vérité. Il en va de même dans l'entreprise où plusieurs stratégies, tactiques, méthodes, choix opposés sont possibles.

L'entretien de motivation

Questions : « À quoi croyez-vous sans douter ? », « À quelles occasions avez-vous fait preuve de maturité ? », « De quoi doutez-vous ? »

◾ Votre affirmation :

....

....

◾ Votre justification :

....

....

....

....

◾ Votre conclusion :

....

....

Esprit de synthèse

C'est un des critères les plus faciles à tester lors de l'entretien. Dites l'essentiel. Regroupez vos propos et structurez-les en un tout. Ne vous perdez pas dans les détails. Sachez résumer.

Questions : « Définissez-vous en une phrase ! », « Vous avez une minute pour conclure. »

◾ Votre affirmation :

....

....

◾ Votre justification :

....

....

....

....

■ Votre conclusion :

....

....

Esprit d'analyse

Analyser les différentes facettes d'un problème, en percevoir toutes les dimensions, les causes et les effets, en décomposer les différents éléments, c'est utile dans bien des situations professionnelles. Ce critère sera facilement testé à travers certaines questions du type de celles qui suivent.

Questions : « Pouvez-vous me faire l'analyse du dernier film que vous avez vu ? », « Pouvez-vous analyser le dernier livre que vous avez lu ? », « Comment analysez-vous tel évènement d'actualité ? »

■ Votre affirmation :

....

....

■ Votre justification :

....

....

....

....

■ Votre conclusion :

....

....

Tolérance aux idées d'autrui

Dans une entreprise, il y a nécessairement des différences de points de vue quant à la politique à mener, la stratégie, la tactique, les méthodes de travail, l'ordre de priorité des tâches à effectuer, les projets à retenir, etc. Il est nécessaire de confronter et de recevoir des idées différentes des vôtres. Et lorsqu'une décision a été prise ou un consensus obtenu, il faut l'appliquer solidairement même si cela est contraire à vos propres conceptions. Faites preuve de souplesse d'esprit.

Question : « Quand et comment avez-vous fait preuve de tolérance ? »

■ Votre affirmation :

....

....

■ Votre justification :

....

....

....

....

■ Votre conclusion :

....

....

Curiosité intellectuelle

Cherchez-vous à vous instruire constamment, à vous intéresser à ce que vous faites, à ce qui vous entoure ? La curiosité intellectuelle est une qualité appréciée notamment dans la recherche, la technique, la science, la formation, l'enseignement... Pour montrer cette aptitude, posez des questions pertinentes sur le secteur d'activité, l'entreprise, le poste à pourvoir. De son côté, votre interlocuteur pourra vous demander si vous connaissez l'origine de votre nom ou qui était l'homme illustre qui porte le nom de votre rue ou si vous connaissez bien votre quartier, vos voisins, etc.

Question : « Êtes-vous curieux de nature ? »

■ Votre affirmation :

....

....

■ Votre justification :

....

....

....

....

■ Votre conclusion :

....

....

Culture générale

Pour certaines professions, la culture générale est un atout apprécié. C'est un critère facile à vérifier en posant des questions de connaissance sur divers sujets dans les domaines susceptibles d'être utiles pour le poste envisagé. Il peut s'agir de thèmes d'ordre historique, géographique, informatique, économique, social, juridique, fiscal, scientifique, technique, écologique, etc. ou bien des faits divers.

Question : « Êtes-vous quelqu'un de cultivé ? »

■ Votre affirmation :

....

....

L'entretien de motivation

■ Votre justification :

....

....

....

....

■ Votre conclusion :

....

....

Compatibilité des idées

« Le secret du bonheur, c'est d'être profondément en accord avec ce qu'on fait. » Malheureusement, ce n'est pas toujours possible et il faut s'accepter avec nos propres contradictions.

Vous aimez les grandes causes humanitaires mais vous n'y participez pas. Vous postulez pour un poste qui nécessite beaucoup de déplacements mais vous préférez les activités sédentaires comme la lecture. Vous prétendez vous sentir concerné par la gestion de la cité mais vous déclarez ne pas toujours participer aux élections municipales.

Si votre interlocuteur attire votre attention sur vos contradictions et que celles-ci sont flagrantes, reconnaissez-les. Mais il peut s'agir aussi d'informations apparemment contradictoires et qui ne le sont pas en réalité.

De toute façon, ne vous contredisez pas sans cesse. N'affirmez pas une chose et son contraire. Vous pouvez enjoliver les choses, mais n'amplifiez pas trop, vous augmenteriez les risques de contradiction. Ne vous laissez pas influencer par les idées du recruteur qui peuvent vous conduire elles aussi à certaines incohérences.

Questions : « Vous dites que vous êtes un gagnant, un battant, que vous aimez la compétition. Pourtant, vous faites du sport et vous n'avez jamais gagné un seul championnat. Comment justifiez-vous ce paradoxe ? », « Vous dites que vous aimez réussir ce que vous entreprenez. Pourtant, vous avez échoué à tel examen. N'est-ce pas contradictoire ? », « Vous dites que vous êtes passionné par notre secteur d'activité. Or, vous avez présenté votre candidature dans d'autres entreprises qui n'ont rien à voir avec ce secteur d'activité. Comment justifiez-vous cela ? »

■ Votre affirmation :

....

....

■ Votre justification :

....

....

....

....

■ Votre conclusion :

....

....

Cohérence des propos

Les propos incohérents sont ceux qui manquent de liens logiques entre eux. C'est une faiblesse facile à observer dans l'entretien.

Questions : « Quel rapport existe-t-il entre vos centres d'intérêt et vos objectifs professionnels ? », « Quel lien pouvez-vous établir entre vos qualités et le poste proposé ? »

■ Votre affirmation :

....

....

■ **Votre justification :**

....

....

....

....

■ **Votre conclusion :**

....

....

Clarté d'esprit

« Ce que l'on conçoit bien s'énonce clairement et les mots pour le dire arrivent aisément. » À l'inverse, les idées floues s'expriment de façon compliquée pour « noyer le poisson ». Et votre interlocuteur n'est pas dupe. Raison de plus pour bien préparer votre entretien à l'avance en prévoyant les grandes lignes de ce que vous voulez transmettre.

Question : « Quelles sont, par ordre décroissant d'importance, les informations que vous avez envie de communiquer dans cet entretien ? »

■ **Votre affirmation :**

....

....

■ **Votre justification :**

....

....

....

....

7. Les critères intellectuels

■ Votre conclusion :

....

....

Indépendance d'esprit

Montrez que vous raisonnez par vous-même, que vous avez la capacité de former votre propre jugement. Sur les évènements d'actualité, ne reprenez pas à votre compte ce que vous avez lu dans la presse. Par exemple, sur le nouvel ordre mondial, évitez de réciter des leçons apprises. Analysez la situation avec objectivité en vous fondant sur des faits et non des opinions. Appuyez-vous sur des données historiques, géopolitiques, ethniques, religieuses. N'ayez pas une vision trop simpliste et manichéenne du monde avec les bons d'un côté et les méchants de l'autre. Pesez le pour et le contre. Puis, bien sûr, prenez position.

Question : « Quel sujet vous inspire des idées très différentes de celles émises par les autres ? »

■ Votre affirmation :

....

....

■ Votre justification :

....

....

....

■ Votre conclusion :

....

....

Sens de l'innovation

La créativité est une qualité appréciée dans un certain nombre de professions. Montrez votre esprit novateur, dites ce que vous avez déjà créé, imaginé.

Questions : « Qu'est-ce que vous aimeriez inventer ? », « Quand et comment avez-vous fait preuve du sens de l'innovation ? »

▪ Votre affirmation :

....

....

▪ Votre justification :

....

....

....

....

▪ Votre conclusion :

....

....

Sens des réalités

Ne soyez pas utopique. Ayez les pieds sur terre. N'imaginez pas que vous allez pouvoir tout transformer, tout réussir sans difficultés. Au contraire, analysez les épreuves que vous risquez de rencontrer dans le poste proposé ou sur tel projet. Par exemple, n'imaginez pas que vous allez travailler dans un pays étranger et retrouver les sensations que vous aviez lorsque vous l'avez visité en touriste, avec auto-stop et camping.

Question : « Quand estimez-vous avoir fait preuve de bon sens ? »

7. Les critères intellectuels

■ Votre affirmation :

....

....

■ Votre justification :

....

....

....

....

■ Votre conclusion :

....

....

Raisonnement méthodique

Raisonnez avec rigueur intellectuelle et méthode. Développez une argumentation en plusieurs parties. N'affirmez pas gratuitement. Évitez les faux arguments qui induisent en erreur. Par exemple, d'un cas particulier, ne tirez pas systématiquement une généralité. « J'ai été hébergé, en Allemagne, dans une famille très accueillante. Donc tous les Allemands sont accueillants. » Ou encore : « J'aime les contacts humains. D'ailleurs j'ai fait beaucoup de voyages. » N'oubliez pas que beaucoup de gens voyagent comme des valises. Que les dialogues dans ce cas sont limités à demander son chemin ou savoir combien coûte tel objet ou service.

Questions : « Dans quelle situation avez-vous fait preuve d'un raisonnement particulièrement méthodique ? », « Quand avez-vous manifesté de la rigueur intellectuelle ? »

■ Votre affirmation :

....

....

■ Votre justification :

....

....

....

....

■ Votre conclusion :

....

....

Aptitude à faire des choix

Sur certains sujets, prenez position. N'hésitez pas trop longuement. Dans l'entreprise, il faut savoir prendre des décisions, trancher. Il en va de même pour l'entretien. « Il n'y a pas d'homme plus malheureux que celui chez qui l'indécision est une habitude. »[11] Si l'on vous demande de choisir entre ceci et cela, ne dites pas systématiquement : « Je ne sais pas » ou « Ça demande réflexion ». Faites preuve d'imagination et ayez le courage d'assumer vos opinions. Donnez des exemples de situations dans lesquelles vous vous êtes trouvé confronté à un choix.

Question : « Dans quelles situations avez-vous eu à faire des choix décisifs ? »

■ Votre affirmation :

....

....

■ Votre justification :

....

....

....

....

11. Phrase de WILLIAM JAMES dans son *Précis de psychologie.*

7. Les critères intellectuels

■ Votre conclusion :

....

....

Rapidité de compréhension

Afin de montrer votre rapidité de compréhension, reformulez en d'autres termes les informations fournies par le recruteur sur le secteur d'activité, l'entreprise, le poste, les difficultés rencontrées, sa conception sur un sujet particulier.

Ayez l'esprit vif. Soyez particulièrement attentif à votre interlocuteur. Ne lui faites pas répéter systématiquement ses questions. En suivant seulement vos idées, vous risquez de comprendre de travers et de répondre à côté.

Donnez des exemples de votre rapidité de compréhension, notamment une méthode que vous avez acquise très vite : permis de conduire passé du premier coup, application d'une recette de cuisine, utilisation d'un ordinateur ou d'Internet.

Question : « Pouvez-vous me citer un exemple de votre rapidité de compréhension ? »

■ Votre affirmation :

....

....

■ Votre justification :

....

....

....

....

■ Votre conclusion :

....

....

Aptitude à convaincre

Convaincre, c'est modifier ou transformer à court ou long terme l'opinion de son auditeur. Pour cela, il faut raisonner en présentant ses arguments selon un certain ordre. Persuader, c'est inciter son auditeur à passer à l'action dans l'immédiat. Pour cela, il faut attirer l'attention, inspirer l'intérêt, déclencher le désir, obtenir l'adhésion.

Questions : « Dans quelles situations avez-vous eu à convaincre ou persuader autrui ? », « Quand pensez-vous avoir été particulièrement convaincant lors de cet entretien ? », « Essayez de me persuader de retenir votre candidature plutôt qu'une autre. »

■ Votre affirmation :

....

....

■ Votre justification :

....

....

....

....

■ Votre conclusion :

....

....

7. **Les critères intellectuels**

Esprit de répartie

L'esprit de répartie peut vous aider dans bien des situations, notamment celles où il s'agit de sauver la face, d'avoir les rieurs de son côté, de détendre l'atmosphère par une pointe d'humour. Entraînez-vous à répondre du tac au tac et avec humour à des questions du style : « Aimeriez-vous avoir été mordu par Pasteur ? », « Comment faire pour passer une bague à une puce avec des gants de boxe ? », « Pourquoi avez-vous le nez au milieu de la figure ? », « Pourquoi portez-vous ce prénom ? »

Questions : « Avez-vous l'esprit de répartie ? », « Lors de cet entretien, avez-vous l'impression d'avoir utilisé votre esprit de répartie ? »

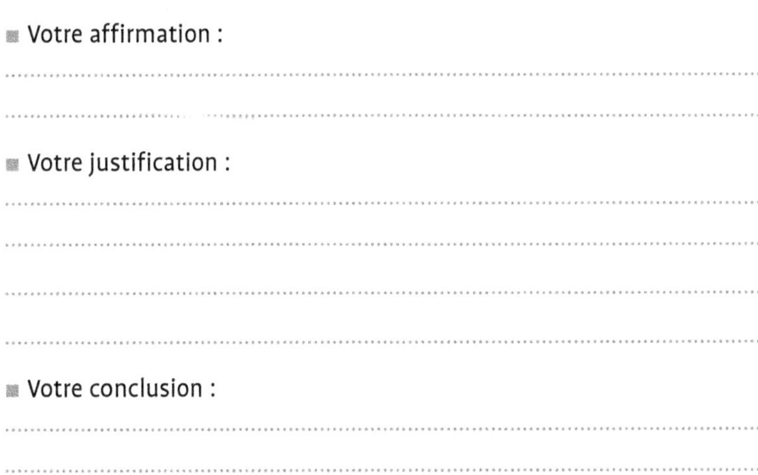

▪ Votre affirmation :

....

....

▪ Votre justification :

....

....

....

....

▪ Votre conclusion :

....

....

Grille d'évaluation de vos aptitudes intellectuelles

Faites-vous interviewer par une autre personne puis évaluez votre entretien avec la grille suivante. Entourez la bonne réponse.

	– –	–	+	+ +
Maturité	Immature	Catégorique	Circonspect	Mature
Esprit de synthèse	Déstructuré	Désorganisé	Organisé	Structuré
Esprit d'analyse	Superficiel	Tatillon	Minutieux	Profond
Tolérance aux idées d'autrui	Intolérant	Incompréhensif	Compréhensif	Tolérant
Curiosité intellectuelle	Absente	Rare	Fréquente	Permanente
Culture générale	Pauvre	Restreinte	Variée	Riche
Compatibilité des idées	Inexistante	Exceptionnelle	Présente	Constante
Cohérence des propos	Incohérent	Décousu	Lié	Cohérent
Clarté d'esprit	Confus	Incertain	Intelligible	Clair
Indépendance d'esprit	Dépendant	Commun	Personnalisé	Indépendant
Sens de l'innovation	Conservateur	Constant	Changeant	Innovateur
Sens des réalités	Utopique	Rêveur	Sensé	Réaliste
Raisonnement méthodique	Irrationnel	Désordonné	Ordonné	Rationnel
Aptitude à faire des choix	Paralysé	Hésitant	Résolu	Décisif
Rapidité de compréhension	Lent	Laborieux	Satisfaisant	Vif
Aptitude à convaincre	Inefficace	Insuffisante	Suffisante	Efficace
Esprit de répartie	Désemparé	Gêné	Occasionnel	Doué

Chapitre 8

Les critères physiques

Les principaux critères physiques

Résistance à la fatigue

La vie professionnelle est parfois stressante : déplacements, décalages horaires, réunions tardives, conditions de travail difficiles, etc. Êtes-vous de ceux qui résistent bien à la fatigue, qui ont de bonnes capacités de récupération ? Si oui, donnez des exemples : sports pratiqués, voyages effectués, temps de sommeil restreint, etc.

L'entretien de motivation

Question : « Pouvez-vous me citer un exemple où vous avez fait preuve d'une bonne capacité de résistance à la fatigue ? »

■ Votre affirmation :

....

....

■ Votre justification :

....

....

....

....

■ Votre conclusion :

....

....

Santé

Les personnes fragiles, dépressives, atteintes de maladies graves ou incurables, handicapées physiques ou mentales ont besoin de ne pas se sentir rejetées de la vie active et possèdent les capacités d'exercer divers métiers. Elles devraient donc avoir la possibilité d'être recrutées plus facilement qu'elles ne le sont.

Cependant, de nombreux employeurs ne raisonnent pas de la sorte. Il est vrai que certains handicaps, surtout mentaux mais aussi physiques, sont particulièrement gênants pour l'exercice de diverses professions.

Quant aux maladies graves ou incurables, nécessitant des soins intensifs et entraînant une fatigue physique, elles conduisent à un absentéisme ou une baisse de la productivité qu'aucun employeur ne voit d'un bon œil. Il en va de même pour les personnes dépressives et, à un moindre degré, pour les personnes à la santé fragile.

C'est pourquoi le recruteur tâchera de connaître votre état de santé.

8. Les critères physiques

Comme votre dossier médical est couvert par le secret professionnel et que certains tests de dépistage à l'embauche sont interdits, il tâchera de vous poser des questions indirectes. Par exemple, il pourrait vous demander : « Supportez-vous les fumeurs ? » pour essayer de savoir ensuite combien de cigarettes vous fumez par jour.

Si vous ne fumez pas, buvez très peu d'alcool et pratiquez régulièrement certains sports, dites-le.

Si vous avez un handicap manifeste ou une maladie qu'il vous est impossible de cacher, parlez-en. Dites clairement les contraintes qui sont les vôtres, énumérez les activités que vous ne pouvez exercer et celles que vous pouvez pratiquer comme les bien-portants. Il vaut mieux répondre à l'avance aux interrogations de votre interlocuteur plutôt que de ne pas y répondre et de le laisser sur ses réticences.

Si vous êtes une femme, votre interlocuteur tâchera de savoir si vous êtes enceinte ou si vous risquez de le devenir prochainement. Là aussi, il n'a pas le droit de vous poser la question directement et il ne peut vous être légalement reproché de lui cacher la vérité. Mais il pourra vous demander : « Aimeriez-vous avoir des enfants ? » pour essayer de savoir ensuite si vous risquez prochainement d'être enceinte.

Question : « Êtes-vous en bonne santé ? »

■ Votre affirmation :

....

....

■ Votre justification :

....

....

....

....

■ Votre conclusion :

....

....

Habileté sensorielle

Certaines professions nécessitent une bonne habileté manuelle, visuelle, auditive, olfactive, gustative, tactile ou motrice.

Question : « Quels sens avez-vous développés particulièrement et en quelles circonstances cela vous a servi ? »

■ Votre affirmation :

....

....

■ Votre justification :

....

....

....

....

■ Votre conclusion :

....

....

Dynamisme

Montrez du dynamisme, du tonus. N'ayez pas une attitude physique molle. Ne soyez pas apathique. Mettez du rythme dans vos propos. Ne montrez pas de signes de fatigue. N'endormez pas votre interlocuteur par un débit trop lent ou monotone.

8. Les critères physiques

Question : « Êtes-vous quelqu'un de dynamique ? »

■ Votre affirmation :

....

....

■ Votre justification :

....

....

....

....

■ Votre conclusion :

....

....

Aisance physique

Cela ne signifie pas une décontraction excessive. Ne poussez pas les affaires de votre interlocuteur posées sur son bureau pour vous faire de la place. Ne vous enfoncez pas trop dans votre chaise ou votre fauteuil. Ne lui demandez pas si vous pouvez fumer alors qu'il n'y a pas de cendrier sur son bureau ou que le cendrier n'a pas encore été utilisé. Ne vous asseyez pas avant qu'il ne vous le propose.

Questions : « Êtes-vous à l'aise en toutes circonstances ? », « Dans quelles circonstances n'êtes-vous pas à l'aise ? »

■ Votre affirmation :

....

....

■ Votre justification :

....

....

L'entretien de motivation

■ Votre conclusion :

Grille d'évaluation de vos aptitudes physiques

Faites-vous interviewer par une autre personne puis évaluez votre entretien avec la grille suivante. Entourez la bonne réponse.

	– –	–	+	+ +
Résistance à la fatigue	Mauvaise	Faible	Acceptable	Bonne
Santé	Médiocre	Fragile	Convenable	Excellente
Habileté sensorielle	Rudimentaire	Passable	Satisfaisante	Développée
Dynamisme	Endormant	Mou	Éveillé	Tonifiant
Aisance physique	Contractée	Gênée	Confiante	Décontractée

Chapitre 9

Les critères d'expression

Les principaux critères d'expression

Langage

Évitez à tout prix les langages pseudo-savants, d'une complexité inutile, surtout si vous vous adressez à une personne qui n'est pas de votre profession. Adaptez votre vocabulaire à votre interlocuteur.

Si vous êtes psychosociologue et que vous voulez expliquer au directeur des ressources humaines que « certaines personnes donnent l'impression de se fixer définitivement en un lieu alors qu'elles finissent toujours par en repartir », ne vous sentez pas obligé de lui dire : « On croit à une adultisation alors qu'il existe seulement un besoin régressif de couvaison plus qu'une assomption vers les fonctions exhaustives de sédentarisation et de nidation. »

Évitez aussi les expressions négligées comme « j'ai effectué un stage dans la boîte où travaille mon père » et les fautes de français comme « le patron à ma mère ».

Concision

Sachez dire l'essentiel en peu de mots. N'utilisez pas soixante mots lorsque quinze suffisent. Entraînez-vous à retirer les mots inutiles, les répétitions vaines.

Rythme

Le rythme correspond aux temps de silence. Ceux-ci doivent vous permettre de respirer et de penser à ce que vous allez dire. Ils permettent aussi à votre interlocuteur de penser à ce que vous venez de dire et de participer activement à vos propos en imaginant la suite.

Adaptez votre rythme à vos réflexions et variez donc la longueur de vos temps de silence. Toutefois, sachez qu'un rythme trop rapide épuise et qu'un rythme trop lent lasse.

Débit

Il s'agit de la vitesse de prononciation des mots. Il se distingue du rythme qui correspond aux temps de silence. Il doit s'adapter à vos propos et varier en conséquence. Il peut être lent, modéré ou rapide.

Élocution

« L'articulation est la politesse du diseur. » Une bonne articulation permet de se faire entendre et d'éviter à l'auditeur un effort pénible. C'est une condition nécessaire pour se faire comprendre.

Voix

Votre voix révèle vos sentiments : timidité, enthousiasme, combativité, etc. Une voix agréable ne doit être ni trop grave ni trop aiguë, ni trop faible ni trop forte. Ne murmurez pas vos propos pour éviter au recruteur d'avoir à tendre l'oreille. Mais ne criez pas non plus. Vous risquez d'énerver et de fatiguer votre interlocuteur.

Intonation

Il ne suffit pas d'être informé pour informer, d'être amusé pour distraire, d'être convaincu pour convaincre, d'être persuadé pour persuader, d'être ému pour émouvoir. Il faut encore arriver à transmettre l'intonation juste.

Pour cela, il faut lutter contre la monotonie, cette habitude de tout dire sur le même ton. Essayez de transmettre vos idées et vos sentiments en variant l'intonation.

Maintien

Il s'agit de votre position corporelle.

Ne soyez pas embarrassé dans votre façon de vous tenir. Ne soyez pas recroquevillé sur vous-même, ne sautillez pas d'une jambe à l'autre, ne penchez pas la tête d'un côté, ne soyez pas trop raide ou trop courbé.

Lorsque le recruteur vous propose de vous asseoir, asseyez-vous confortablement et non pas seulement sur une des extrémités du siège. À l'inverse, ne soyez pas avachi sur votre chaise ou sur le bureau qui vous sépare de votre interlocuteur.

Physionomie

Pour accentuer la crédibilité de vos propos, montrez sur votre visage que vous pensez ou ressentez réellement ce que vous affirmez. Garder un visage impénétrable, c'est créer de la monotonie. Ceci est donc à bannir sauf lorsque vous souhaitez ne pas dévoiler vos réactions.

Aérez également votre visage de temps en temps par des sourires. Il ne s'agit pas d'avoir un sourire stéréotypé, mais à l'inverse n'ayez pas non plus une tête d'enterrement.

L'entretien de motivation

Regard

Ayez un contact visuel avec votre interlocuteur. Les yeux sont le miroir de la pensée et du sentiment. Le recruteur souhaite vérifier, dans votre regard, si vous ressentez bien ce que vous lui communiquez. De votre côté, vous avez intérêt à observer, dans le regard de votre auditeur, ses réactions, ses intérêts, ses lassitudes.

Gestes

Henri Bergson disait : « Le geste rivalise avec la parole. Jaloux de la parole, le geste court derrière la pensée et demande, lui aussi, à servir d'interprète. »

Tenez-vous en aux cinq qualités suivantes :

1. **simplicité** - le geste ne doit pas être démesuré par rapport au sentiment ;

2. **netteté** - le geste ne doit pas être trop petit, étriqué, raide ou imprécis ;

3. **discrétion** - les gestes ne doivent pas être trop nombreux ;

4. **diversité** - les gestes doivent varier ; évitez les tics ;

5. **synchronisme** - le geste doit évoquer les mots, être en accord avec eux.

« L'habit ne fait pas le moine », certes. Cependant vous serez probablement jugé aussi sur votre tenue vestimentaire, car, pour de nombreuses personnes, les vêtements sont une forme d'expression. Ne cherchez pas l'excentricité à tout prix, même pour les métiers à forte connotation artistique. Ne cherchez pas non plus les tenues trop provocantes. En effet, si dans 1 % des cas cela peut vous être favorable, dans 99 % des cas cela risque de vous nuire. Comme vous cherchez l'efficacité, faites rapidement votre calcul.

9. Les critères d'expression

Pour solliciter un emploi de comptable, il n'est pas nécessaire de porter un costume rose bonbon avec une chemise en dentelle ou de porter une mini-jupe ultra moulante accompagnée d'un décolleté ouvert sur une généreuse poitrine exempte de soutien-gorge.

Ayez une tenue adaptée à la situation. Après tout vous n'auriez pas idée de jouer au tennis en tenue de smoking ou d'aller à une soirée mondaine en tenue de tennis. Le blue-jeans, s'il est devenu une sorte d'institution dans les milieux étudiants, ne l'est pas encore dans les milieux financiers.

Dans certaines entreprises, il est bon de porter une chemise blanche avec cravate. Dans d'autres, il est bon d'être plus relax. Dans certaines sociétés et pour certains emplois, le port du pantalon est à proscrire pour les femmes. Ce n'est pas le moment de remettre ces conventions en cause avant même d'avoir été sélectionné. Par vos vêtements, montrez une certaine adaptabilité à la situation. Montrez aussi une certaine considération pour votre interlocuteur en évitant bien entendu les vêtements tachés, froissés, sales ou déchirés !

Grille d'évaluation de vos aptitudes d'expression

Faites-vous interviewer par une autre personne puis évaluez votre entretien avec la grille suivante. Entourez la bonne réponse.

	– –	–	+	+ +
Langage	Compliqué	Incorrect	Correct	Précis
Concision	Interminable	Long	Succinct	Concis
Rythme (temps de silence)	Inadéquat	Immuable	Satisfaisant	Adéquat
Débit (vitesse de prononciation)	Inapproprié	Uniforme	Varié	Approprié
Élocution	Déficiente	Inarticulée	Articulée	Claire
Voix	Désagréable	Indistincte	Distincte	Agréable
Intonation	Fausse	Monotone	Variée	Juste
Maintien (position corporelle)	Inadapté	Gauche	Convenable	Adapté
Physionomie	Inexpressive	Neutre	Changeante	Expressive
Regard	Fuyant	Absent	Présent	Franc
Gestes	Incompatibles	Excessifs	Discrets	Compatibles
Tenue vestimentaire	Provocante	Négligée	Soignée	Opportune

Entraînement à la recherche d'un emploi

ANPE - Agence nationale pour l'emploi
www.anpe.fr

L'ANPE propose des formations professionnelles et donne aussi des conseils pour rechercher un emploi, bâtir son projet professionnel, rédiger son C.V. et sa lettre de motivation, préparer son entretien.

Sur le site ANPE, vous pourrez déposer vos profils, C.V., vous abonner aux offres d'emploi, connaître l'adresse de l'ANPE dans votre région, consulter les offres d'emploi, vous informer sur les métiers et les aides à l'embauche.

APEC - Association pour l'emploi des cadres
www.apec.fr

L'APEC propose des formations professionnelles (notamment en bilans et accompagnements de projet) et donne aussi des conseils personnalisés pour faire évoluer sa carrière, retrouver un emploi ou trouver un premier emploi.

Sur le site APEC, vous pourrez consulter les offres d'emploi, recevoir votre sélection d'offres par e-mail, gérer vos candidatures en ligne, mesurer votre marché, vous faire repérer par les entreprises qui recrutent, vous inscrire à l'hebdomadaire *Courrier Cadres*, connaître l'adresse de l'APEC dans votre région.

L'entretien de motivation

IRSEP - Institut des relations sociales et de l'efficacité personnelle, à Paris
www.irsep.fr - tél. 01 45 24 55 08

IRSEP propose un bilan et des conseils en un cours particulier de deux heures avec utilisation d'un magnétoscope si nécessaire pour mieux diriger sa recherche d'emploi, mettre en valeur son projet professionnel, être plus performant dans la rédaction de son C.V. et de sa lettre de motivation, être plus convaincant lors des entretiens de sélection.

IRSEP anime également des cours particuliers de perfectionnement en entretiens de motivation et en expression orale, notamment pour la recherche de stage et les concours administratifs ou d'établissements d'enseignement.

ITEC - Institut des techniques d'expression et de communication, à Paris
e-mail : itecformation@yahoo.fr - tél. 01 40 72 65 68

ITEC propose dans les établissements d'enseignement des séminaires de préparation à la recherche de stage ou d'un premier emploi, avec analyse critique et individuelle des curriculi vitae et des lettres de motivation apportés, simulations jouées de différents types d'entretien adaptés aux étudiants concernés, sensibilisation éventuelle à certains tests.

Lors de ces séminaires d'une journée (possibilité de deux demi-journées en région parisienne), par petits groupes, des informations sont aussi données sur les critères d'évaluation, les moyens de recherche, les différentes phases d'un recrutement et d'un entretien, les erreurs à ne pas commettre, les questions les plus fréquentes.

Table des matières

Table des matières

Table des matières

Table des matières

9 782212 537994